国家出版基金项目
NATIONAL PUBLICATION FOUNDATION

U0852622

"认识中国·了解中国"书系

"十三五"国家重点出版物出版规划项目

新时代中国声音

国际热点问题透视

中国国际问题研究院 组编

中国人民大学出版社

·北京·

编委会

主编：郭宪纲

撰写人员（以姓氏笔画排序）：

王泽胜　王瑞彬　刘　畅（发展中国家研究所）

刘　畅（亚太研究所）　李青燕　谷　宁　沈雅梅

宋均营　柳　莉　曹　群　韩　璐　曾爱平

序　言

中国国际问题研究院前副院长　郭宪纲

2017 年至 2019 年，国际热点问题热闹非凡，发生剧烈变化。中美贸易摩擦加剧，对全球经济产生重大影响。原有的热点问题出现戏剧性变化，有的趋于缓解，有的却趋于恶化，还有的暂时进入蛰伏状态。热点问题的这种变化，对国际形势产生了深刻影响。

热点问题中最令人瞩目的变化是朝鲜半岛局势的突变。先是朝鲜试验氢弹和导弹，频次急剧增加，朝鲜半岛一度到达战争边缘。然后到 2018 年春季，朝鲜半岛局势突然峰回路转。首先是在朝韩“冬奥外交”的基础上，3 月初朝鲜最高领导人金正恩与韩国总统文在寅特使青瓦台国家安保室长郑义溶在平壤举行历史性会面；随后，特朗普在华盛顿听取了郑义溶来访通报后出人意料地提出要在 5 月份与金正恩会面；3 月底，金正恩访问中国，中朝领导人进行了会谈，金正恩在会谈中明确提出致力于实现半岛无核化。4 月 27 日，朝韩领导人在板门店韩国一侧举行了历史性会晤，签署了《板门店宣言》，半岛问题的解决出现历史性机遇。6 月 11 日，金正恩和特朗普在新加坡举行会谈，双方达成四点共识。上述情况表明，朝鲜半岛核问题的解决迎来了历史性机遇，有关各方如能形成坚定的政治意愿，朝鲜半岛核问题会有解决的可能。在推进朝鲜半岛核问题解决中，中国发挥了积极的建设性作用。

与朝鲜半岛核问题缓和形成鲜明对照的是伊核协议面临夭折的危险。2018 年 5 月 8 日，美国宣布退出伊核协议，这使得伊朗核问题再起波澜，同时也将对整个中东地区局势产生负面影响。

还有一个新的热点问题是耶路撒冷问题。2017 年 12 月 6 日，美国总统特朗普宣布承认耶路撒冷为以色列首都，并将美国驻以色列大使馆从特拉维夫迁至耶路撒冷。特朗普政府的这一举措推翻了历届美国总统的传统，打破了国际社会关于耶路撒冷最终地位应当通过巴以和平谈判来确定的长期、广泛的共识，引起世界舆论哗然，争议持续升温，同时也为巴以和谈何去何从带来更多更危险的信号。

另外一个新的热点问题是卡塔尔断交风波。2017 年 6 月 5 日，沙特、埃及、阿联酋和巴林等国突然与卡塔尔断交并实施陆、海、空全面封锁和制裁，同时阿拉伯联盟宣布终止卡塔尔的成员国资格。这场外交风波一时成为 2017 年海湾地区最大的“黑天鹅”事件。危机发生后，国际社会广泛关注并劝和促谈，但由于阿拉伯国家内耗严重和互信缺失，双方关系迄今仍处于僵局。断交的负面影响日益显现，危机最终化解与建立互信尚需时日。

与中国利益最直接的当属南海问题和钓鱼岛问题。总的来看，这两个热点问题与前几年相比处在缓解的状态。随着中菲关系的改善、中越关系的稳步发展、中国和东盟海上合作的深入，南海争端得到有效的管控。可以明显看到，南海问题进入新一轮缓和合作的良性互动周期。但由于各种原因，南海平静的海面下仍暗流涌动，不排除在特定条件下再次紧张的可能。

在钓鱼岛问题上，中国政府从发展长远的中日友好关系出发，在坚持一贯立场的前提下，外交上进行诸多努力。中日关系出现逐渐走出低谷的回暖迹象，钓鱼岛问题有一定程度降温，东海紧张局势亦趋缓，但仍要警惕，严防出现“倒春寒”，尤其是日方要与中方保持相向而行，在钓鱼岛问题、台湾问题、历史问题等一系列重大问题上谨言慎行，方有望令中日关系持续稳定向好发展。

以摧毁“伊斯兰国”为标志，国际社会打击恐怖主义取得了重大进展。在国际社会共同打击下，“伊斯兰国”恐怖组织在战场上节节败退，遭受重创。截至 2017 年底，“伊斯兰国”在伊拉克和叙利亚建立的“准国家实体”被摧毁，由此开启“后‘伊斯兰国’时代”。从本质上看，

“伊斯兰国”是企图恢复最后一个阿拉伯哈里发帝国——阿拔斯王朝（750—1258）的历史荣光，改变地区和国际秩序的产物。然而，由于过于褊狭和极端，“伊斯兰国”与几乎整个世界为敌，最终失道寡助，迅速败亡。尽管如此，“伊斯兰国”所秉持的“圣战萨拉菲主义”意识形态历史悠久，具有较为完备的学术、思想和话语体系。“伊斯兰国”或许在军事上会被击败，甚至最终消亡，但它所体现和代表的“圣战萨拉菲主义”很可能会继续存在下去。

此外，叙利亚问题、阿富汗问题、乌克兰危机仍未看到解决的迹象。除了这些原有的热点问题外，也门局势由国内政治动荡，逐渐升级为内战并外溢成地区冲突。围绕也门内乱，沙特与伊朗展开争夺，地区教派冲突更加激烈。

面对复杂多变的国际局势，以习近平同志为核心的党中央，大力推进外交理论创新，构建以合作共赢为核心的新型国际关系。在处理中美贸易摩擦问题上，中国坚持原则，理性应对。在外交实践中，中国的“一带一路”倡议继续得到积极响应，许多沿线国家与中国签署了有关“一带一路”合作的备忘录，推动“一带一路”建设深入进行。在应对全球和地区热点问题上，中国继续发挥重要作用，坚持通过对话来化解矛盾，解决冲突，标本兼治。

第一，坚持以双边谈判来解决南海争端。在菲律宾南海仲裁案法庭仲裁结果公布后，中国仍然以“双轨思路”来处理南海问题，坚决维护在南海的航行和飞越自由，在管控矛盾的同时积极推动海上合作，将南海建成“和平之海”“合作之海”“友谊之海”。菲律宾新总统杜特尔特上台后，与中国在南海问题上达成共识，搁置争议，加强合作。目前中国-东盟双方正加快“南海行为准则”的磋商进程，中方已经明确签署框架协议的时间表，而且还将讨论各国建立热线电话以应对不测事态，这符合中国-东盟双方的利益，也符合地区及域外其他国家的共同利益。

第二，坚持主张通过和平方式解决钓鱼岛主权争议。一方面，中国海警舰船编队在钓鱼岛领海内坚持常态化巡航，依法行使主权。另一方面，与日本磋商危机管控机制，双方就尽快启动“海空联络机制”等交换意见，以期缓和紧张局面并达成互信，努力推动中日关系走出低谷。

第三，在朝鲜核问题上，中国作为一个负责任的大国，坚持朝鲜半岛无核化的大方向，开展穿梭外交，积极劝和促谈，为朝鲜核问题的解决贡献正能量。为了尽快解决朝鲜核问题，中国提出了实现半岛无核化与停和机制转换并行推进的谈判思路。目前，朝鲜半岛出现的缓和态势正是按照中国的思路展开的。

第四，在叙利亚问题上提出了政治解决“四步走”框架思路。呼吁有关各方立即停火止暴，并承诺打击恐怖主义；在联合国主持下，各方开展全面、包容和平等的对话协商，在日内瓦公报基础上尽快出台政治过渡具体安排；加强国际保障，由联合国发挥斡旋的主渠道作用；启动战后重建进程，让叙利亚各方各派看到和平的红利。作为安理会常任理事国，中国在叙利亚问题上的努力，取得了良好的效果，得到国际社会的认可和赞赏，特别是越来越获得阿拉伯世界的理解和支持。

第五，在阿富汗问题上着眼于未来。中国是阿富汗重要贸易伙伴，对阿富汗主要出口电器及电子产品、运输设备、机械设备和纺织服装等，进口商品主要为农产品。但随着阿政局动荡、安全形势趋紧，中阿贸易亦陷入低迷。不过，中阿“贸易相通”主要是着眼于未来。若阿富汗局势好转，其过境运输贸易将迅速繁荣，向东亚、南亚、中亚、中东、欧洲等市场辐射能力亦将得到充分展现，势必成为“一带一路”的重要贸易枢纽。

第六，在也门问题上支持联合国及其特使的斡旋工作。中国坚定主张维护也门主权、独立、统一和领土完整，坚定支持也门政治过渡进程。此外，中国作为联合国安理会的常任理事国，同时也与也门国内各派都保持良好关系，又秉持不偏不倚的公正立场，在劝和促谈、支持联合国及其特使斡旋工作方面，发挥独特作用。与此同时，中国持续向也门提供大量人道援助，缓解了其国内愈发严重的人道主义危机。

当然，由于各种复杂因素，热点问题不可能在短期内获得解决，有时还会加剧演化。因此，热点问题需要长期跟踪研究，也需要将形势的新变化及其分析提供给读者。为了这一目的，2014 年我们曾撰写《中国大视野——国际热点问题透视》，分析 2013 年全球热点问题。2015 年，我们根据 2014 年形势的变化，在撰写的第 2 本《中国大视野——国际热点问题透视》中增添了 4 篇分析新热点的文章，更换了 4 篇趋冷的老热点文章。同时，对保留下来的 6 篇老热点文章，也进行了内容的更新。2016 年，形势又有新变化，我们在《中国声音》中增加了两篇文章——《中东难民潮考验欧盟一体化进程》和《也门乱局几时休》，替换了两篇关于处于蛰伏状态热点的文章，对保留下来的 8 个原有热点问题，即南海问题、钓鱼岛问题、朝核问题、叙利亚问题、阿富汗问题、乌克兰危机、“伊斯兰国”问题和伊朗核问题充实了最新情况。

这本《新时代中国声音》删除了中东难民问题，增加了中美经贸摩擦、卡塔尔断交风波和耶路撒冷问题，进一步充实了对保留下来的 9 个热点问题的分析。

以上热点问题的发生，有其内在的联系，与整个国际形势的演变密切相关，是由点到面的关系。因此，了解新热点，关注老问题的变化，不仅可以知晓具体事件和问题发生的缘由、过程以及走向，也可以从一个个变化的点到广阔的面，进而洞察世界整体深层次的演变，同时也可加深理解中国应对这些热点问题的立场和政策，从中看到中国外交的与时俱进。

出于这样的目的，本书对以上热点问题的来龙去脉、中国的应对和事态的走向做了深入浅出的介绍和分析。书中的作者均为中国国际问题研究院的专家，长期从事国际问题研究，功底深厚。他们以普通大众读得懂的非学术性语言来描述问题的起因、中国政府的立场和努力以及展望未来。文字既不花哨也不死板，反映出作者对问题深邃的认识和分析。希望这些介绍和分析能加深读者对当今世界变化的了解，以便更好认识未来国际形势的演变。

目　录

Opinion of China in the New Era

Opinion of China in the New Era

Opinion of China in the New Era

Opinion of China in the New **Era**

中美经贸剧烈摩擦的动因及前景

中美经贸剧烈摩擦的动因及前景

中国国际问题研究院世界经济与发展研究所　王瑞彬

美国总统特朗普就任两年多来，调整对华经贸政策，引发两国经贸关系波折不断，呈现摩擦经常化、议题复杂化、谈判长期化趋势，并将在未来较长时期里影响两国关系的发展方向。

一、特朗普政府对华采取强硬的经贸政策

（一）政策酝酿与出台

特朗普在参与总统竞选前及竞选期间即不断就中美经贸关系发表负面言论，指责中国为“汇率操纵国”，宣扬“美国吃亏论”，并扬言大幅提高中国输美货物关税等。当选总统并就任后，其对华经贸政策迅速成型，目标首先直指美国对华货物贸易逆差，其出台实施过程分为如下阶段：

（1）试探、准备阶段（2017 年 1 月—2018 年 3 月）。这一阶段，特朗普完成了调整对华经贸政策所必需的法理准备和谈判、决策的团队组建两项工作。2017 年 4 月，美国贸易代表办公室（Office of the United States Trade Representative，USTR）发布《特别 301 报告》，指控中国窃取美国商业秘密、网络盗版猖獗等，将中国列为“优先观察名单”。8 月，特朗普签署行政备忘录，授权美国贸易代表审查“中国贸易行为”，包括中国强制美国企业转让技术及盗窃美国知识产权等问题。

在此期间，特朗普组成保守主义色彩浓厚的对华经贸决策团队，其核心人物包括美国贸易代表莱特希泽、财政部长姆努钦、商务部长罗斯、白宫贸易顾问纳瓦罗等。

（2）初步成型阶段（2018 年 3—6 月）。其中两大重要事件标志着特朗普政府对华经贸政策基本成型。一是 3 月 22 日，特朗普签署总统备忘录，宣布限制中国对美投资，并拟对价值 500 亿美元的进口中国商品加收重税，标志着特朗普政府完全放弃了 10 多年来以“中美战略经济对话”“中美战略与经济对话”机制为代表的全领域磋商、沟通模式，

而采用议题集中、议程明确、结果导向的技术谈判模式。二是 6 月 8 日，中兴通讯公司与美国商务部达成和解协议。尽管中兴事件起于 2012 年，但其获得暂时解决却发生在当下中美贸易摩擦日益加剧的背景下，并成为特朗普政府推动对华贸易谈判的砝码。而且，重点打击对美国及西方技术依赖程度较高的科技企业成为特朗普政府对华经贸谈判的重要手段。

（3）展开阶段（2018 年 6—12 月）。美国以加征惩罚性关税为政策工具对中国采取层层加码的极限施压策略。特朗普政府完全无视双方于 5 月份达成的不打贸易战的一致意见，不顾美国内进口商及消费者的反对，固执地对中国输美商品加征关税。7 月 6 日和 8 月 23 日，美国对中国价值 340 亿美元、160 亿美元的输美商品加征 25%关税行动先后生效。中方采取了对等反制措施。9 月 17 日，美国持续保持对中国的高压态势，对价值 2 000 亿美元的中国输美商品加征 10%关税实施，并同时威胁将于 2019 年 1 月 1 日将这部分商品关税加征额进一步提高至 25%。

特朗普签署备忘录对中国商品大规模征收关税

(4) 角力阶段（2018 年 12 月至今）。2018 年 12 月 1 日，中美两国元首在阿根廷二十国集团峰会上会见并达成共识，至 2019 年 3 月 1 日前，双方围绕两国各自关心的经贸问题进行磋商。在此期间，中美分别由中国国务院副总理刘鹤、美国贸易代表莱特希泽牵头进行谈判，就市场准入、知识产权保护、技术转让、财政补贴等重要议题展开密集谈判。2 月 24 日，特朗普宣布无限期搁置原定于 3 月 1 日生效的对 2 000 亿美元中国输美商品加征关税至 25%的计划。在这一阶段，双方完成 11 轮谈判。其间，中国重视中美关系稳定发展的大局，愿意为寻求中美经贸关系平衡采取行动，展现出最大诚意。但是双方在重要问题上的立场仍有巨大分歧，迄未达成协议。2019 年 5 月 10 日，美国进一步将 2 000 亿美元中国输美商品的加征关税提高至 25%，并威胁着手准备对余下的 3 000 多亿美元中国出口到美国的商品加征关税。中国宣布对 600 亿美元美国出口中国商品分档加征 5%～25%关税，以为反制。双方谈判陷入僵局。同时，在特朗普于 5 月 15 日签署行政命令，宣布禁止美国企业向威胁国家安全的外国企业购买产品及技术后，美国商务部将华为公司，以及 20 多国共 68 家与华为有关的公司列入进出口黑名单，禁止这些企业在未经美国政府批准的情况下购买美国企业的产品。中美贸易摩擦升级。

特朗普对华经贸政策来势凶猛、攻击力度大，对双方经贸关系及地区和全球经济形成重大冲击。按照国际货币基金组织初步估计，中美贸易摩擦如果持续下去，不仅会对双方经济带来负面影响，还会使全球经济陷入衰退的风险增大。目前，该政策对全球产业链、价值链的影响也在显现，部分跨国公司等将产能迁移至越南、印度等地，以规避加征关税造成的成本上升。

（二）美国对华经贸政策的性质与目标

(1) 从性质上看，该政策是美国对华全面遏制战略的重要组成部分。特朗普就任以来采取的一系列对华政策行动显示出，美国已将中国视为全面对手，并从政治、经济、军事、人文等领域进行全面遏制。此前，特朗普政府发布的《国家安全战略报告》[1] 和《国防战略报告》[2] 明确将中国定位为“战略竞争对手”或“战略竞争者”。现在，美国对华经贸政策则将中国贴上“国家资本主义”标签，剑指《中国制造 2025》，试图摧毁中国实现中华民族伟大复兴所依赖的经济基础。目前，越来越多的证据表明，美国并非单纯着眼于削减美国对华贸易逆差，调整双边经贸关系，而是将其与其他领域的遏制政策行动呼应、联动，其所体现的冷战思维将主导未来较长时期美对华政策基调。

> 特朗普就任以来采取的一系列对华政策行动显示出，美国已将中国视为全面对手，并从政治、经济、军事、人文等领域进行全面遏制。

（2）特朗普政府采取强硬姿态，高举高打，以打促谈，意图达成如下基本目标：

第一，打压甚至逆转中国经济等领域的赶超势头。2007—2008 年金融危机以来，中国是全球唯一对美国形成赶超势头的国家。据国际货币基金组织统计，2007—2018 年，中国 GDP 总量由 3.57 万亿美元升至近 13.41 万亿美元，在全球 GDP 总量中占比由 6.14%上升至 15.82%。同期，美国 GDP 由 14.45 万美元增至 20.49 万亿美元，在全球 GDP 总量中占比由 24.86%微降至 24.17%[3]。特别是 2007 年、2010 年中国先后超过德国、日本成为世界第二大经济体，与美国差距快速减小。目前，美国有些人的意图和做法已经超出了经贸范畴。白宫前首席战略顾问班农就曾露骨地表示，要采取行动将所有中国公司从西方资本市场赶出去。

第二，维护美国中、高端制造业国际竞争力。特朗普在 2018 年 3 月 22 日备忘录中拟对中国加税商品集中于技术密集型行业，如信息技

① National Security Strategy. https://www.whitehouse.gov/wp-content/uploads/2017/12/NSS-Final-12-18-2017-0905.pdf.

② National Defense Strategy. https://dod.defense.gov/Portals/1/Documents/pubs/2018-National-Defense-Strategy-Summary.pdf.

③ https://www.imf.org/external/datamapper/NGDPD@WEO/OEMDC/ADVEC/WEOWORLD/CHN/USA.

术、新能源汽车、人工智能、生物医药、高铁装备、航空航天等，约占中国对美出口总额的 1/8。为此，美国完成了相关立法改革，特朗普于 2018 年 8 月 13 日签署了《2019 财年国防授权法》，其中包括《外国投资风险审查现代化法》（Foreign Investment Risk Review Modernization Act，FIRRMA）和《出口管制改革法》（Export Control Reform Act，ECRA），使得美国进一步限制相关领域涉及合资运营和技术转让的投资活动。就中国而言，这些相关行业具有某些共同特点：或是中国处于全球领先地位或近些年进步显著，国际竞争力增强，或是中国对美投资或吸引美资相对集中。

第三，把握未来国际经贸秩序规则主导权。在《跨太平洋伙伴关系协定》（Trans-Pacific Partnership Agreement，TPP）、《跨大西洋贸易和投资伙伴关系协定》（Transatlantic Trade and Investment Partnership，TTIP）等谈判中，美国即拟从贸易、投资、知识产权、劳工、环保及争端解决机制等广泛领域设立高标准新规则，确保构建未来全球经贸新秩序的主导权。但特朗普政府的操作思路和路径进行了调整而与前任不同，其基本做法是搁置世贸组织等现有全球多边贸易体制，以“一对一”双边谈判直接施压，不断制造与中国、欧盟、加拿大、墨西哥、日本、韩国等的贸易摩擦，以所谓惩罚性关税为武器施压、要挟，单方面强烈要求对约占其全球贸易总量 70%的贸易关系逐一加以“修理”。同时，美国运用区域多边策略予以配合，对贸易伙伴逐个击破，强制重构对其有利的新游戏规则和全球贸易体制，以便继续合法地、源源不断地获取丰厚利益。

（三）特朗普对华经贸政策特点

（1）力求速战。特朗普高举高打，行动迅速。就任三个月，美国贸易代表办公室就发布《特别 301 报告》，将中国列为“优先观察名单”。特朗普随即授权美国贸易代表启动审查程序。仅半年时间，即以备忘录形式明确列出拟大规模加税的商品行业类别，并进一步提出具体清单和货物金额。

（2）打组合拳。特朗普政府奉行“贸易即政治”原则，以经贸问题作为重点突破方向，尤其擅长借用地缘政治牌等加大施压力度，在南海、朝鲜半岛、台湾问题、区域经济合作、网络安全等领域动作不断，与经贸谈判形成相互借重施压之势，以达成多重战略目的。特别是，在台湾问题上，屡次触碰红线，先后推动“台湾旅行法”（Taiwan Travel Act）、“台湾保证法2019”（Taiwan Assurance Act of 2019），破坏中美关系的重要政治基础。

（3）国会支持。针对特朗普在全球范围频频挑起贸易争端的行为，国会参众两院均有重要人物和力量在原则上表示强烈反对。但具体到调整对华经贸关系方面，国会的不同声音极其微弱，甚至出于制华考虑而不愿采取行动，运用宪法赋予国会的权力去制约特朗普政府享有的贸易政策授权。

此外，在国际上，特朗普政府还左勾右连，意欲借助欧盟、日本等外力组成某种联盟向中国施加压力，目前虽与欧、日等就贸易规则等发布若干联合声明，达成某些象征性共识，但各方利益存在重大分歧、相互缺乏信任等因素导致协调基础脆弱，迄未形成统一战线。

二、动因：中美经贸关系出现结构性变化

美国对华经贸政策的调整并非由特朗普政府临时起意，其深层动因是2007—2008年全球金融危机以来中美经贸关系的一系列基础性因素迅速发生重大变化。正因为如此，中美经贸关系调整所面临的形势严峻，任务复杂，各领域的摩擦、冲突将成为长期现象。

（一）中美在全球价值链中相对地位变化

中美都在全球价值链中占据重要地位。中国入世后，对全球价值链的参与水平和所处地位不断提升。2007年，中国制造业产值在全球占比为13.2%，居世界第二位；2010年即达19.8%，比美国高1.6%，成为

世界第一制造业大国。中国连续8年保持全球货物贸易第一大出口国地位。工业制成品出口在其中占据主导地位。2007年，中国工业制成品出口占世界制成品出口总额的11.95%，2014年升至17.98%，为位居其后的德国的1.7倍①。

不过，根据联合国商品贸易统计数据库和经合组织发布的国家间投入产出表测算，中国总体上仍处于全球价值链末端，加工、生产并出口最终产品，尚未脱离全球价值链的低附加值环节。中国仍是全球最大的生产者，美国是全球最大的消费者。但是，中国不仅已是全球价值链上北美、欧洲、亚洲三大生产中心的核心国家之一，而且正向价值链高端移动。中国出口产品的国内附加值占比稳步提高，目前已超过70%。其重要原因在于中国制造业承担高水平专业化分工能力大幅提升，更多地参与具有更高附加值或位于价值链上游的中间品生产活动。同期，美国则稳中有降。

（二）两国双边投资不对称性显著增强

中国国务院新闻办公室2018年9月24日发表《关于中美经贸摩擦的事实与中方立场》白皮书指出，美国是中国重要外资来源地。根据中国商务部统计，截至2017年，美国累计在华设立外商投资企业约6.8万家，实际投资超过830亿美元。中国企业对美国直接投资快速增长，美国成为中国重要的投资目的地。随着中国对外投资的发展，中国企业对美国直接投资从2003年的0.65亿美元增长至2016年的169.8亿美元。根据中国商务部统计，截至2017年，中国对美直接投资存量约670亿美元。与此同时，中国还对美国进行了大量金融投资。根据美国财政部统计，截至2018年5月底，中国持有美国国债1.18万亿美元。

（三）双方贸易量、贸易商品结构、贸易模式等呈现新特征

2007年以来，美国是中国第一大出口目的国，中国对美出口在其全

---

① Trading Economics. China Exports of Manufactured Goods. https://tradingeconomics.com/china/exports-of-manufactured-goods.

球出口市场中占比在逐步上升，约达20%。中国则是美国第三大货物出口市场，较长时期占其全球出口市场份额的5%以上。中美双边贸易额增长较快。据中国海关总署统计，以美元计价，2018年中美双边贸易进出口总值是6 335.2亿美元，同比增长8.5%。其中，出口4 784.2亿美元，增长11.3%；进口1 551亿美元，增长0.7%；贸易顺差3 233.2亿美元，同比扩大17.2%①。一个值得注意的现象是，中美贸易在各自全球贸易中所占份额，基本未随双边贸易额大幅增长而有显著提高。双边贸易额高速增长的势头近年出现放缓迹象，2016年甚至出现回落。除了美国经济复苏态势等因素，这一放缓势头也与中国产业转型和外贸结构调整有关。金融危机后，中国出口贸易模式发生了巨大转变。此前，中国加工贸易出口长期占外贸比重50%以上。之后，该数字逐年下降，目前仅占三成左右。一般贸易已占中美双边贸易主体地位。2016年，其份额超过55%。但是，特朗普政府的经贸政策导致双方贸易商为避免或减少加征关税的成本支出而提前布局，出现“抢进口”“抢出口”现象，导致2018年贸易额大增。

从双边贸易商品结构上看，金融危机以来，中国对美出口额最高的货物类别及其占比变化不大，居前的主要是电机电气设备、机械、家具、灯饰、玩具、游戏品和运动用品、服装等。

美国对华出口额最高的货物类别及其占比均有显著变化，前三大类商品为电机电气设备及其零附件、机械器具及零件、车辆及其零附件。

金融危机后，中美相互出口额均大幅提高。在此背景下，中国对美出口商品结构大体保持平稳。这一现象说明中国传统对美出口产品仍具有较强国际竞争力。而美国对华出口货物结构则发生最明显的变动，其主要原因是由于中国进口美国大豆等数量连年上升。特别是近几年，中国进口较为稳定地占美大豆出口的六成左右。中国成为美国

① 海关总署2018年全年进出口有关情况新闻发布会.（2018－01－12）. http://fangtan.customs.gov.cn/tabid/612/Default.aspx.

波音飞机第一大进口国，带动中美贸易中航空器、航天器及其部件这一类别排名大幅提前。据统计，2017 年，美国波音飞机 1/4 的市场在中国。这些变化也印证了金融危机后中国经济、产业结构正在加速转型、升级。

中国经济、产业结构正在加速转型、升级

三、前景：以合作化解对抗

特朗普就任总统以来，中美经贸关系所经历的一系列挑战充分说明，相互依赖交融的经贸利益作为双边关系发展的“压舱石”和“稳定器”的作用正在下降，但是这不符合两国的根本利益，或迟或早，双方的经贸关系还得回到正常轨道。

（一）特朗普政府对华经贸政策虽然咄咄逼人，但难以长期维持

实际上，其一意孤行的各种单边主义做法有违民意，在其国内不断

招致质疑、批评与反对。2018 年 8 月 23 日，美国为对价值 2 000 亿美元的中国输美产品加征关税事举行听证会，反对声音一浪高过一浪。对于特朗普政府挑起的中美贸易摩擦，越来越多理性的声音认为这是不负责任的，因为成本负担终将转嫁给美国进口商和普通消费者。美中贸易全国委员会、美国全国零售商联合会、服装鞋袜业联合会、大豆协会等多家行业协会发表声明，明确表示反对，并期望中美贸易谈判早日达成协议，消除贸易壁垒。

在国际上，美国只顾一己之私的贸易保护主义政策甚至也难以获得盟友认同。德国、法国、英国、比利时等一直不愿完全依照美国意志与其联手排挤华为等中国企业。针对美国发布的涉及华为各项禁令，法国总统马克龙坦言，限制华为绝不是法国的目标，现在发动一场科技战或贸易战是不恰当的。国际货币基金组织、世界银行、经合组织等机构均发出警告，美国对中国等挑起贸易摩擦的行为将拖累全球经济增长，令国际社会普遍忧虑。

面对美国的压力，中国沉着应对，表示愿与美国在经贸等领域开展合作而非对抗。中美分别是全球第一、第二大经济体，位居全球经济体系的核心位置，是影响经济全球化进程的重要力量。中美如果不是彼此需要，相互补益，顺应了经济全球化与贸易自由化大发展的时代潮流，就无法创造这一世界经贸史上的奇迹。两国在长期互动中难免会遇到一些问题，坦诚交流、相互协调才是正常的解决之道，搞贸易摩擦，发动贸易战，绝不是从根本上解决中美经贸关系问题的理性选项。双方和则利于世界，斗则伤及全球。

（二）避免战略误判系当务之急

特朗普政府的对华政策从目标到手段均不局限在经贸领域。美国国会、政府部门在台湾问题、“中国文化入侵”等议题上频频出手。中美关系的基础正在发生前所未有的变化，两国关系亟待寻求新的定位和明确的发展方向，双方处于协调战略认知的关键时期。两国间需要建立稳定的政治互信，这是有效减少贸易摩擦、调整经贸关系的前提。否则，经贸摩擦或愈演愈烈，还将进一步腐蚀两国政治关系的根基。随着中国综合国力增长，其国家发展目标、全球治理理念、“一带一路”倡议等也不断引发美国的质疑和忧虑。特朗普追求以美国利益为核心的“美国第一”理念，拒绝受现行国际条约、国际组织、国际机制的约束，破坏自由贸易等领域的多边机制。近几年来，美国从巴黎气候协定、伊核协议、全球移民协议、联合国教科文组织等一系列多边机制中“退群”。

（三）充实双边经贸关系内容，促进经贸结构升级

贸易摩擦没有赢家，谈判是解决问题的唯一途径。尽早达成一个当前阶段双方都可以接受的务实的协议文本是有必要的，有助于避免双方各领域关系进一步恶化，也将成为中美政治、经贸等关系全面调整、转型的基础。更重要的是，要以发展的眼光看待双方经贸关系发展，培育更多的亮点及新增长点。

贸易战没有赢家

首先，中美服务贸易增长势头良好。近年来双边服务贸易增长

连创新高，美国是中国第二大服务贸易伙伴、中国是美国第三大服务出口市场。目前，美国在中国市场需求较大的、具有高附加值的专业服务领域，如旅游、教育、专利使用和特许服务、金融服务、运输和其他商业服务等均占有绝对优势，为两国服务贸易中增长最快的领域。

其次，中美尚有开展基建合作机会。据美国土木工程师学会研究，美国基建设施老化情况严重，亟待大规模投资实现现代化。特朗普就任后，将改善基建作为经济振兴政策的优先项，积极推动总额 1 万亿美元的投资计划。据估算，到 2040 年，美国将在基建领域投资 8.5 万亿美元，而实际需要为 12.4 万亿美元，缺口达 3.8 万亿美元①，中美市场合作潜力大。

最后，继续拓展中美农业合作。两国互为农产品重要贸易伙伴。中国是美国农产品出口第一大市场。美国是中国农产品进口第一大来源国和第四大出口市场。农业是近年中美经贸合作的活跃领域。但在中美经贸摩擦的情况下，美国农民特别是豆农已经成了美国政府挑起的对华贸易摩擦的牺牲品。据统计，2018 年 1—10 月，大豆对华出口量暴跌，贸易额仅约 30 亿美元，美国中西部大豆产区申请破产的家庭农场数量创下十年来新高。中美农业合作起步早，基础较好。随着双方逐步理顺经贸关系，两国可视情恢复并扩大农业合作，这既有利于美国农业及相关行业获得发展，也有助于中国完成产业转型、消费升级。

目前，中美经贸关系正处于关键节点。只有通过对话，采取务实、包容、平衡、渐进的方式消除当前谈判中遇到的障碍，才能建立反映双方经贸关系发展变化情况的有效管理和合作机制，提高双方贸易自由化、投资便利化水平，增强双方经贸关系的平衡性、互惠性和可持续性，并为全球经济健康发展营造良好的环境。

---

① US Losing Crucial Race against China. News，October 20，2017. http://www.news.com.au/finance/economy/world-economy/us-losing-crucial-race-against-china/news-story/964788db9265281ee450dab3ee954880.

资料链接

中美经贸摩擦一年多的风风雨雨、波波折折，竟然还不足以让美国一些人认识到，威胁是徒劳的，高压没有意义。解决中美经贸问题的任何一次机遇之窗，都不是以霸凌行径所能够获得的。中方始终主张通过对话协商解决中美经贸问题，坚定捍卫自身的核心利益。美国政府单方面挑起对华经贸摩擦、一再加征关税，这种做法根本解决不了问题，过去不行，现在不行，将来也同样不行。

资料来源：五月荷．加征关税无用，中国有能力奉陪到底．人民日报，2019-06-28（02）．

Opinion of China in the New Era

朝鲜半岛核问题峰回路转

朝鲜半岛核问题峰回路转

中国国际问题研究院亚太研究所　刘　畅

一年多来，朝鲜半岛核问题出现令人眼花缭乱的变化：朝鲜试验氢弹和导弹，频次急剧增加，朝鲜半岛一度到达战争边缘。然而，2018 年春季，朝鲜半岛局势突然峰回路转，发生戏剧性变化。首先是在朝韩“冬奥外交”的基础上，3 月初朝鲜最高领导人金正恩与韩国总统文在寅特使青瓦台国家安保室长郑义溶在平壤举行历史性会面。随后，特朗普在华盛顿听取了郑义溶来访通报后出人意料地提出要在 5 月份与金正恩会面。3 月底，金正恩访问中国，中朝领导人进行了会谈，金正恩在会谈中明确提出“（朝鲜）按照金日成主席和金正日总书记的遗训，致力于实现半岛无核化，是我们始终不变的立场”。4 月 27 日，朝韩领导人在板门店韩国一侧举行了历史性会晤，签署了《板门店宣言》，半岛问题的解决出现历史性机遇。6 月 12 日，金正恩和特朗普在新加坡举行会谈，双方达成四点共识。上述情况表明，朝鲜半岛核问题的解决迎来了历史性机遇，有关各方如能形成坚定的政治意愿，朝鲜半岛核问题会有解决的可能。在推进朝鲜半岛核问题解决中，中国发挥了积极的建设性的作用。

> 朝鲜半岛核问题的解决迎来了历史性机遇，有关各方如能形成坚定的政治意愿，朝鲜半岛核问题会有解决的可能。

一、特朗普执政初期美朝对立加剧

特朗普在上台前后就用发推特的方式，直接表达了他对朝鲜半岛核问题的观点。2017 年 1 月，他在推特上写道：“朝鲜说，他们可以打到美国本土的洲际弹道导弹试射已经进入收尾阶段。这绝对不会发生。”接着，他又把矛头转向中国，在第二则推文中写道：“中国通过完全一边倒的贸易从美国赚取大量资金和财富，却在朝鲜问题上不帮忙，真好！”[①] 这番色厉内荏的言论，朝鲜对此做出了强硬的反应，加快导弹和核试验。

---

① 就朝鲜问题连发推特，特朗普上台后会与金正恩怎么处？（2017－01－04）. http://www.jfdaily.com/news/detail? id=41276.

（一）朝鲜的导弹和氢弹试验

据报道，2017 年初到 7 月底，朝鲜至少进行了 12 次弹道导弹试射活动，试射的导弹种类从中程近程逐步过渡到远程和洲际弹道导弹，进展迅速。

资料链接

第一次弹道导弹试射是在 2 月 12 日上午 7 时 55 分，地点是在平安北道龟城以北的一个试验场。这次试射是北极星 2 型固体机动中程地对地弹道导弹系统的第一次试射。试射取得了圆满成功，导弹飞行高度约 550 公里，飞行距离约 500 公里，换成正常弹道，射程超过 2 500 公里。

第二次弹道导弹试射是在 3 月 6 日，地点在平安北道铁山郡东仓里的卫星发射基地附近，这个基地在 2012 年 4 月曾发射过银河 3 号运载火箭。这次试射的导弹是在飞毛腿基础上发展的火星 7 型战役战术弹道导弹，射程 1 000 多公里。这次试射主要是演练了多发齐射战术，一次齐射了 4 枚。

第三次弹道导弹试射是在 3 月 22 日，地点在江原道元山机场旁的海滩上。这次发射以失败告终，朝鲜方面没有公开试射的照片和视频，各方分析此次试射的是火星 10 型，之前被称为舞水端中程弹道导弹。

第四、第五、第六次弹道导弹试射均发生在 4 月，第四和第五次是在咸镜南道新浦市附近，第六次是在平安南道北仓一代，均未公开影像资料。第四次试射是 4 月 5 日进行的，导弹只飞行了 60 公里，被各方判断为失败；第五次试射是在 4 月 16 日，导弹升空后爆炸；第六次试射是在 4 月 29 日。这三次试射的导弹型号不明。

第七次试射是在 5 月 14 日，地点在平安北道龟城以北的导弹工厂附近，这次是火星 12 型液体远程弹道导弹的首次试射，导弹飞行最高高度达到 2 111.5 公里，飞行距离 787 公里，换成正常弹道的射程达 6 000 到 7 000 公里。导弹坠落在俄罗斯远东海参崴南面的海域。

第八次试射是在5月21日，地点在平安南道芥川市附近的延丰湖国家森林公园的度假别墅。这次是北极星2型中程弹道导弹的第二次成功试射。

第九次弹道导弹试射是在5月29日，地点是海边度假胜地元山。此次试射的是最新的火星9型战役战术弹道导弹，它最大的亮点就是可末端修正的弹头，打击精度非常高，朝鲜方面号称它可以攻击海上目标，同时采用新型坦克底盘来做机动载具，机动性强，生存力高。

第十次导弹试射是在6月8日，地点仍在元山。朝鲜当时试射的是地对舰和地对地两用导弹。导弹向半岛东部海域飞行200公里后，坠落东海。

第十一次弹道导弹试射是在7月4日，也就是美国独立日当天，发射点在平安北道方岘机场南部的一个山谷里。此次试射的火星14型导弹飞行了39分钟，高度达到2 802公里，距离933公里，换成正常弹道射程已达8 000公里，是真正的洲际弹道导弹。

第十二次弹道导弹试射是在7月28日，地点则改为慈江道舞坪里的武器工厂里。此次试射导弹飞行47分钟12秒，高度达到3 724.9公里，距离达到998公里，换成正常弹道射程超过1万公里，已经可达美国本土。该导弹最终坠入日本海。

至此，经过半年多12次密集试验，朝鲜完成了弹道导弹的跨越式发展，射程从中程跨入洲际，导弹种类多种多样，试射成功率显著提高。朝鲜希图以导弹技术提升要价，逼迫外界承认其“核地位”的战略态势进一步明晰。

此后，朝鲜为配合朝美口水战，“证明”导弹可覆盖关岛，于8月26日清晨6时49分许从江原道安边郡向东北方向海岸发射数枚近程导弹，飞行距离约250公里。3天后，8月29日早上5时57分，朝鲜从平壤市顺安一带发射一枚弹道导弹并通过日本上空，飞行距离为2 700公里，具体型号不详。导弹飞行最高高度为550公里，经过日本上空后落入北太平洋海域。该次发射引发日本极大恐慌，日本政府由总务省消防厅出面，向国内群发紧急速报，建议民众前往坚固建筑物的地下室避难。

朝鲜充分调动了美日韩以及世界舆论后，于 9 月 3 日进行了第六次核试验，即氢弹试验。同日，朝鲜劳动党中央委员会政治局常务委员会召开会议，朝鲜领导人金正恩、金永南、黄炳誓、朴奉珠、崔龙海参加了会议。会议听取朝鲜核武器研究所进行核武器兵器化研究工作情况的报告，并讨论了作为达成朝鲜劳动党第七次代表大会提出的完善国家核力量终结阶段目标的一部分，进行洲际弹道火箭可携带的氢弹试验问题。会议通过"作为达成完善国家核力量终结阶段目标的一部分进行洲际弹道火箭可携带的氢弹试验"的决定，金正恩亲自署名进行氢弹试验的命令。

此后，朝鲜核武器研究所发表公告，声称此次氢弹试验的结果证明总爆发威力、裂变和聚变威力比等核战斗部的威力指标，反映两级热核武器质量水平的一切物理指标都充分地达到了设计值。……通过此次试验得出结论，对第一级和第二级发生的复杂物理过程的朝鲜式解析方法和计算程序达到了高水平，第二级核装药结构等作为自主设计的核战斗部的氢弹的工艺学结构很可靠。试验再次检验了通过核弹头爆炸试验和各种弹道火箭试射充分审核的密集布置型核爆操控系统的可靠性。

此后，朝鲜继续试射导弹。9 月 15 日晨，朝鲜试射一枚中程弹道导弹，导弹飞过日本上空后坠入日本以东太平洋海域。11 月 29 日凌晨，朝鲜在首都平壤近郊试射了一枚导弹。这枚火星 15 型导弹沿着预定轨道飞行 53 分钟，弹道高度达到 4 475 公里，飞行距离 950 公里。这个数据与美韩监测的结果基本吻合，可以肯定其性能全面超越此前的火星 14 型导弹，属于新型洲际弹道导弹①。朝鲜最高领导人金正恩亲临发射现场。导弹发射成功后，他说："今天是实现了完成国家核力量的历史大业、火箭强国伟业的意义深远的日子。"当天，朝鲜就此发表政府声明，称火星 15 型是可以搭载能够打击美国本土全域的超大型重型核弹头的

---

① 朝鲜这次试射导弹会是转折点吗.（2017－12－19）. http://www.nfcmag.com/article/7709.html.

洲际弹道火箭。根据美国军控专家的判断，如果这枚导弹以正常角度发射，射程最远可达 13 000 公里。理论上说，包括华盛顿特区在内的美国全境都在射程范围内。

至此，朝鲜利用 2017 年 10 个多月的时间，完成了氢弹与洲际弹道导弹结合的基本技术试验，构筑了“弹弹结合”的核武库，基本达成了“国家核力量的终结阶段目标”。

朝鲜试射中程弹道导弹

（二）美国的反应

面对朝鲜日臻完备的导弹技术，特朗普总统对日益危险的朝鲜局势有了更为敏感的认识，但对解决朝鲜半岛核问题，仍然认为依靠施压和逼迫，就可以让朝鲜屈服。

1. 美国与朝鲜之间的口水战

特朗普总统采取的第一项行动是在舆论上与朝鲜斗嘴。其中最为突出的是 2017 年 8 月 8 日，美国《华盛顿邮报》援引国防情报局的报告称，朝鲜可能已经掌握在洲际导弹上装载核弹头的技术。特朗普总统随即强势表态称，朝鲜“最好不要再威胁美国”，否则将招致前所未有的“暴怒与打击”。

8 月 10 日清晨，朝鲜中央通讯社发布消息说，朝鲜将于本月中旬“完成有关打击关岛的军事方案”，预计将向关岛发射 4 枚火星 12 型中远程战略弹道导弹，这些导弹将飞越日本领空，“在飞行 1 065 秒、3 356.7 公里后，击中关岛附近水域”，而何时发动这样的打击，将由朝鲜最高领导人金正恩来决定。朝中社的报道还说，特朗普的警告完全是一番“废话”，朝鲜要用武力给他点颜色看看。

一番口水战下来，特朗普总统也没有占到便宜。这表明他忽视了朝核问题作为整个朝鲜半岛问题这一冷战残留遗迹背后复杂的结构性矛盾。如果施压，甚至极限施压是有效果的，那么朝鲜半岛局势早就应该在冷战结束后不久就发生根本性变化了。事实上，朝鲜半岛局势虽然在冷战时期屡次陷入战争边缘，但实际上仍然维持着一种奇特的稳定，这既是朝鲜地缘位置决定的，也是整个东北亚秩序结构性演进的必然结果。

2. 美韩加强军事演习

第二项措施是动用军队与韩国一道进行军事威慑。8 月 31 日下午，美军出动 4 架 F-35B 隐形战斗机和 2 架 B-1B 战略轰炸机飞临朝鲜半岛上空，与韩国空军的 F-15K 战机举行了联合飞行演习和实弹轰炸演习。3 天后，朝鲜进行第六次核试验，即氢弹试验。9 月 18 日，美军 2 架 B-1B 轰炸机与 4 架 F-35B 隐形战机当天上午飞抵朝鲜半岛，与韩国空军战机一起进行模拟轰炸训练。10 月 10 日，美国空军联合日本、韩国空军在晚间进行联合演习，美国太平洋司令部表示，这次是 B-1B 轰炸机首次和日韩盟军在夜间进行联合演习。2 架来自关岛的 B-1B 战略轰炸机在朝鲜半岛东海与 2 架韩军的 F-15K 战机进行空对地导弹发射演习，之后再飞越半岛上空到黄海上空进行发射演习，直到晚间 11 点。

B-1B 战略轰炸机之所以引人关注，是因其可携带 B61 战术核弹，该战术核弹能够打击地下十几米、二十几米的地下堡垒、地下指挥所，尤其是能对丰溪里核试验场地下设施进行摧毁。另外可以对包括火星 14 型和火星 15 型在内的所有导弹发射装置进行打击。而美国则在 2017 年 3 月试验成功了新型的 B61-12 核弹。据称该型核弹进一步应用了最新技术，使其“圆概率误差降低至 30 米，弹头的最大当量仅需要 50 千吨。50 千吨弹头在地面形成的弹坑半径为 30～68 米。弹头当量越小精度高引发的附带损伤也越小，因此 B61-12 能够大大丰富美军进行精确打击的手段”①。

12 月 4 日，美韩开始了代号为“警戒王牌”（Vigilant Ace）的年度大规模联合空中演习。美方出动了 6 架 EA-18G “咆哮者”电子战飞机。专家称，“如果这 6 架 EA-18G ‘咆哮者’电子战飞机同时出动，整个朝鲜所有在工作的电子设备，从收音机到电视机，到移动网络、宽带、计算机、雷达等等，所有的通信，只要在工作的电器，全部会失灵”。面朝首尔的数千门朝鲜大炮的火控雷达也会失效②。

2018 年 4 月 1 日，美韩启动代号为“秃鹫”的联合军演。“秃鹫”野战训练演习持续 4 周，由陆、空、海及特种部队联合参加。此外，电脑模拟的“关键决断”韩美联合军演从 4 月 23 日开始，持续两周。两场军演有 2.37 万美军和约 30 万韩军参加。

美韩“秃鹫”联合军演

---

① 美国试验新型核弹 威慑朝鲜也是动武选项.（2017－04－16）. http://news.sohu.com/20170416/n488716640.shtml.

② “警戒王牌”到底有哪些王牌.（2017－12－06）. http://digitalpaper.stdaily.com/http_www.kjrb.com/kjrb/html/2017－12/06/content_383436.htm? div＝－1.

军事威慑是美国企图主导东北亚秩序和与朝鲜大打口水战的底气。但是威慑依然无法让朝鲜屈服，甚至为朝鲜推进核导开发提供了更为充足的动力。这表明美国不能突破既有的东北亚安全格局，对朝发动战争，这是其军事威慑无效的根本原因。因此，在半岛不可能生战的基本判断下，美国通过军事威慑来阻止朝鲜开发核武器的意图也就极难实现。美国愈发加紧的军事威慑只不过是对其过去朝鲜半岛策略错误的再次重复。

3. 联合国制裁朝鲜决议

在威慑效果不彰的背景下，特朗普开始寻求东北亚利益相关方的支持，通过外交手段来遏制朝鲜的核武器计划。2017 年下半年，美国加紧通过联合国安理会对朝鲜进行制裁，同时还以单边制裁为补充。2017 年 8 月 5 日，联合国安理会一致通过了一项由美国起草、旨在大幅加强对朝制裁的 2371 号决议，该决议对朝鲜出口进行限制，朝鲜将因此每年减少 10 亿美元收入。该决议禁止朝鲜的所有煤炭、铁和铁矿石、铅和铅矿石以及海产品的出口，这将使现金紧缺的朝鲜每年约 30 亿美元的出口收入减少约 1/3。这是美国总统特朗普上台以来首次对朝鲜采取如此大规模的制裁，曾被称为“史上最严厉”制裁①。

9 月 11 日，联合国安理会通过了由美国起草的对朝鲜再次进行核试验的制裁决议（2375 号），禁止朝鲜纺织品出口，并限制对朝鲜石油产品的运输。9 月 26 日，美国政府宣布对朝鲜实行新一轮单边制裁计划，制裁 8 家朝鲜银行，同时还制裁 20 多名金融从业者，这些人大多是在世界各地的朝鲜银行代表。11 月 21 日，美国财政部宣布，对朝鲜多家企业、船只和个人实施制裁，以进一步切断朝鲜对外贸易、限制其收入来源。

12 月 22 日，联合国安理会一致通过一份旨在制裁朝鲜的 2397 号决

---

① 外媒：联合国通过“史上最严”对朝制裁决议.（2017-08-08）. http://military.china.com/important/11132797/20170808/31051958_1.html.

议，决定对朝鲜实施更严厉的制裁。决议由美国起草，要求朝鲜将每年成品油进口数量从 200 万桶削减至 50 万桶，原油进口数量不能超过每年 400 万桶上限，以及朝鲜的海外务工人员在限定期限内被遣返等。

二、朝鲜半岛核问题出现缓和态势

正当国际社会对朝施压不断增强，几乎达到顶峰的时候，朝鲜方面的立场出现了重大变化，尤其在朝鲜半岛核问题上做出了一定让步。形势逆转之快，出乎所有人的预料。

此次缓和态势是以金正恩在 2018 年 1 月 1 日发表新年贺词为开端的。在贺词中，金正恩突出强调了两点。第一点再次宣示了朝鲜是“有核国家”，具备对美直接“核威慑力”。他说，2017 年“朝鲜完成国家核武力建设的历史大业，有能力应对封锁和任何核威胁。美国全境都在朝鲜的核打击范围内，并且核按钮就在他的办公桌上。美国应意识到，这不是威胁而是现实，决不容许美国向他和朝鲜发起战争”。

而第二点却转向了即将召开的平昌冬奥会。他说祝愿平昌冬奥会圆满成功，朝鲜有意采取包括派团参赛的所有措施，并愿与韩方就此尽快举行会谈。有必要打破冻结的韩朝关系现状，确保民族大事隆重举行，彰显民族气概和尊严，迎接民族发展史上特殊且意义重大的一年。韩朝应共同努力营建和平环境、缓解军事紧张、避免局势激化。此言一出，半岛局势初现缓和机会。双方迅速在板门店进行会晤，“冬奥外交”拉开帷幕。

朝鲜的表态，看似出乎意料，实则是朝核局势一系列复杂演变过程中，朝鲜主动寻求缓和与破局的举措。而韩国方面也早做了铺垫。2017 年 5 月文在寅执政后，先后发表“南北首脑会谈 17 周年纪念仪式祝辞”“德国柯尔柏基金会演讲”“光复节 72 周年纪念演说”“72 届联合国大会演讲”等，阐明了以“和平共存、共同繁荣”为核心的对朝政策。文在寅还提出将继续开展对朝人道主义救援和民间交流活动，提议举办朝韩军事会谈、红十字会谈，以及在春节期间举行离散家属团聚活动①。

在朝韩双方努力下，2018 年 1 月 3 日，朝韩重开板门店联络热线。9 日，朝韩在板门店举行高级别会谈。这是双方两年来首次正式对话。经过连续磋商，双方商定，朝鲜参加平昌冬奥会，南北联合组队参加女子冰球比赛，朝韩代表团在开幕式上共同入场。双方还将做一系列文体交流，包括朝方派艺术团访韩演出，南北滑雪运动员在朝鲜联合训练。

2 月 9 日至 11 日，以朝鲜最高人民会议常任委员会委员长金永南为团长的朝鲜高级别代表团访问韩国，出席了冬奥会开幕式，并在青瓦台与韩国总统文在寅举行会谈。会谈期间，代表团成员、朝鲜劳动党中央委员会第一副部长金与正向文在寅转交了朝鲜最高领导人金正恩的亲笔信，并向文在寅转达了金正恩的口信。12 日，金正恩听取了访韩归来的朝鲜高级别代表团的汇报，表示要进一步营造北南和解对话氛围，继续积累良好成果。25 日，以朝鲜劳动党中央委员会副委员长金英哲为团长的朝鲜高级别代表团访问韩国，出席平昌冬奥会闭幕式②。至此，“冬奥外交”在形式上达成了预期目标。

在“冬奥外交”成果的基础上，4 月 20 日，朝鲜最高领导人金正恩在劳动党第七届中央委员会第三次全体会议上宣布：朝鲜将从 21 日开始，不再进行任何核试验和洲际弹道导弹发射，废弃朝鲜北部核试验场。只要朝鲜不受核威胁挑衅，朝鲜绝对不使用核武器，不泄露核武器和核技术。朝鲜将集中全部力量发展经济，提高人民生活水平。为营造对发展经济有利的国际环境，维护朝鲜半岛和世界和平，朝鲜将与周边国家和国际社会积极展开紧密联系和对话③。

---

① “冬奥外交”暖风劲吹. (2018－02－09). http://www. 81. cn/gfbmap/content/2018－02/09/content_199250. htm.

② 金英哲将率领高级别代表团出席冬奥会闭幕式. (2018－02－25). http://news. enorth. com. cn/system/2018/02/25/035088393. shtml.

③ 朝鲜为何此时弃核？专家：交出底牌 给外界吃定心丸. (2018－04－21). http://war. 163. com/18/0421/10/DFTK506I000181KT. html.

随着朝鲜半岛南北关系缓和，4 月 27 日，朝鲜领导人金正恩和韩国总统文在寅在板门店会谈。这是朝韩之间第三次首脑会晤。当地时间下午 6 时，文在寅和金正恩在和平之家签署了《板门店宣言》，并共同举行发布会。双方通过《宣言》宣布：停止一切针对对方的敌对行为；商定争取在年内宣布结束战争状态；力促朝韩美或朝韩中美会谈；在开城设立共同永久联络室；通过定期会谈热线通话随时磋商；将朝韩非军事区构建为“和平地带”；双方一致确认了通过“完全弃核”，实现“半岛无核化”的共同目标；将在 5 月进行高级军事对话；8 月 15 日举行离散家属团聚活动；从 5 月 1 日开始，在军事分界线一带，停止扩音喊话、散发传单等所有敌对行为；双方商定，韩国总统文在寅将于 2018 年秋访问平壤；将连接朝韩东海线及京义线铁路和道路。

朝韩关系的改善，也为朝美领导人会晤创造了条件。5 月 10 日，美国总统特朗普宣布，他与朝鲜最高领导人金正恩的会晤将于 6 月 12 日在新加坡举行。但是，美朝毕竟对峙 60 多年，互不信任，双方官员表态稍有不慎，便可导致会谈计划夭折。5 月 24 日，特朗普就以朝鲜官员态度强硬为由宣布取消了原定于 6 月 12 日举行的会晤。后经双方努力，5 月 25 日，特朗普又表示他与金正恩的会谈仍会如期举行。6 月 10 日，金正恩和特朗普相继抵达新加坡。6 月 12 日上午 9 时，朝美领导人实现了历史性会面，展开了约 40 分钟一对一单独会谈。下午 2 时，朝美签署联合声明，4 时举行记者会。联合声明一共四点，分别是：

（1）美国和朝鲜承诺，依照两国人民对和平及繁荣的愿望，建立新型美朝关系；

（2）美国和朝鲜将合作在朝鲜半岛建立长久稳定的和平机制；

（3）朝鲜重申了 2018 年 4 月 27 日签署的《板门店宣言》，承诺努力实现朝鲜半岛的完全无核化；

（4）美国和朝鲜承诺，找回战俘和失踪人员遗体，包括立即遣返已确认身份的人员。

三、中国积极和建设性的立场

面对朝鲜半岛核问题纷繁复杂的形势，中方的立场既是一贯的，同时又根据形势的变化提出具体的解决方案。

从不变的角度来讲，中国主张决不允许朝鲜半岛生战生乱，要通过谈判对话解决问题，对朝核问题始终坚持无核化不动摇。这两条最基本的红线就像钳子一样，牢牢钳住了朝鲜半岛局势的基本盘，对各方具有很强的影响力。

中国的上述立场，不论问题出现转机时，还是到了最危急时，绝不会因为一时一事的改变而改变。朝鲜进行核试验后，中国常驻联合国代表刘结一在第 2375 号决议表决后指出，“中方一贯坚持实现朝鲜半岛无核化，坚持维护半岛和平稳定，坚持通过对话协商解决问题”。2017 年 12 月，朝鲜再次试射导弹后，中方表示“密切关注半岛局势发展，始终坚持实现半岛无核化、坚持维护半岛和平稳定，坚持通过对话协商解决问题的立场。这是我们处理朝鲜半岛核、导相关问题，包括参与安理会审议时一贯秉持的立场”。进入 2018 年，朝鲜半岛局势初现转机后，王毅外长明确表示“和平对话解决半岛核问题，是中方的一贯和明确立场……在推进无核化进程中同步解决各方合理安全关切”。朝韩领导人板门店会晤后，中国外交部发言人表示，衷心祝愿朝韩此次会晤取得积极成果。“渡尽劫波兄弟在，相逢一笑泯恩仇。”中方期待以此次板门店会晤为契机，进一步开启半岛长治久安的新征程①。

同时，中方一直坚持发挥劝和促谈的积极作用。尤其是在 2017 年底朝鲜半岛局势急剧恶化以及 2018 年初朝鲜半岛局势峰回路转之际，中国都保持了战略定力，展现了大国负责任的态度。在对朝鲜制裁达到

---

① 朝韩第三次首脑会晤 双方签署板门店宣言. (2018-04-28). http://hzdaily.hangzhou.com.cn/dskb/2018/04/28/article_detail_2_20180428A071.html.

中国一贯主张坚持朝鲜半岛无核化，维护半岛和平稳定，并多次推动朝核问题六方会谈

顶峰时，王毅外长表示，“我们认为制裁施压只是解决半岛问题的‘半把钥匙’，而另外‘半把钥匙’则是对话谈判。只有把两者合二为一，才能真正打开半岛核问题之锁。因此国际社会对朝鲜采取的任何新的举动，都应当在立足于遏阻其核导开发的同时，有助于推动尽快地重启对话谈判。这两方面的努力不能偏废”。2018 年 2 月，正当朝韩之间经过试探，已取得一定外交成果之时，王毅外长表示，“化解半岛僵局，打破恶性循环，对话谈判是唯一出路，南北双方为此共同迈出第一步十分及时，非常重要。我们希望南北双方继续保持当前来之不易的互动，以此为起点，一步步推开半岛对话谈判的大门。当然，要实现这个目标，仅靠南北双方还是不够的，需要各方共同努力。不能有人在推门，有人却在关门。……我们希望把冬奥会期间的对话延续到日常不间断的对话，把朝韩之间的互动扩大到各方尤其是朝美之间的互动，把南北改善关系的努力拓展到维护半岛和平稳定、实现半岛无核化的共同努力。我相信，事在人为，只要大家齐心协力，相向而行，半岛对话谈判之门肯定会有被重新开启的那一天”。其中，“不能有人在推门，有人却在关门”的表述无疑对局势良性发展具有推动作用。

朝美会谈前后，中国在朝核问题上发挥的积极作用显著增大，三个月内，金正恩三次访华。3 月 25 日至 28 日，金正恩对中国进行非正式访问，习近平主席在会谈中指出，我们坚持实现半岛无核化目标、维护半岛和平稳定、通过对话协商解决问题。我们呼吁各方支持半岛北南双方改善关系，共同为劝和促谈做出切实努力。中方愿在半岛问题上继续发挥建设性作用，同包括朝方在内的各方一道努力，共同推动半岛局势走向缓和。金正恩表示，按照金日成主席和金正日总书记的遗训，致力于实现半岛无核化，是我们始终不变的立场。5 月 7 日至 8 日，习近平主席和金正恩委员长在大连举行会晤。习近平指出，中方支持朝方坚持半岛无核化，支持朝美对话协商解决半岛问题，愿继续同有关各方一道，为全面推进半岛问题和平对话解决进程、实现地区长治久安发挥积极作用。金正恩高度评价习近平总书记的远见卓识，感谢中方长期以来为实现半岛无核化、维护地区和平稳定做出的重要贡献。6 月 19 日至 20 日，金正恩委员长抵京访华。在会晤中，习近平总书记指出，希望朝美双方落实好首脑会晤成果，有关各方形成合力，共同推进半岛和平进程。中方将一如既往发挥建设性作用。金正恩表示，朝方感谢并高度评价中方在推动半岛无核化、维护半岛和平稳定方面发挥的重要作用，希望同中方及有关各方一道，推动构建朝鲜半岛持久牢固和平机制，为实现半岛持久和平共同努力。

的确，中国一直在为管控朝鲜半岛紧张局势和解决朝核问题贡献中国智慧和中国方案。中国基于本国一贯坚持的立场，根据局势的变化发展，提出了“双轨并进”的思路，真正做到在实现无核化的进程中照顾各方的安全关切，从地区安全态势和冷战遗留格局的宏观角度，为地区贡献和平与发展的新思路。所谓“双轨并进”，即“将实现半岛无核化和建立半岛和平机制结合起来，同步对等地解决各方关切，最终找到半岛长治久安的根本之策”。这实际上是从战略层面解决朝鲜半岛问题的最终方案。这是有关各方应该努力的方向，也是中国对地区和平与发展发出的中国声音。王毅外长指出，“中方提出的这一思路抓住了半岛局势的症结，也完全符合联合国安理会第 2270 号和第 2321 号决议的要求。解决半岛核问题不能只有一手，需要两手并进。制裁是履行决议，促谈同样也是履行决议”。

事实证明，这样战略和战术层面相结合的解决方案，为朝鲜半岛核问题的降温提供了必要的和切实可行的途径。即使有关各方暂时不能理解，但不能不正视中国方案的合理性，不能不重视中国方案的关键性。有关各方不论如何“任性”，做多少情绪化表达，如果想切实解决问题，都只能通过对话，寻找各方接受的可行方案。可以说，半岛局势在2018年发生的“突变”，也是中国半岛政策长期坚持和调整的结果。

对于半岛问题出现缓和的局面，中国外交部发言人发表谈话指出，“此次会晤取得的积极成果有利于增进双方和解与合作，维护半岛和平与稳定，推动半岛问题政治解决进程，中方对此表示祝贺和欢迎。朝韩同属一个民族，中方一贯支持朝韩双方通过对话协商建立相互信任，改善彼此关系。这符合双方和本地区共同利益，也是国际社会共同期待。我们希望并相信朝韩双方能够落实好此次领导人会晤共识，持续推进和解与合作。希望有关各方保持对话势头，合力推动半岛无核化和半岛问题政治解决进程，中方愿为此继续发挥积极作用”。

四、朝鲜半岛核问题的前景

朝鲜半岛核问题未来不确定性仍然很大，但可以对影响其前景的几个变量和几组关系做出一定判断。

第一，中国“稳定器”作用继续上升。历史已经证明而且还在不断证明，中国对朝鲜半岛有着任何国家无法比拟的地缘和历史的影响力，这种影响力是在上千年的中朝关系历史中充分建构形成的。无论不怀好意的人将这种关系如何污名化，中国对朝鲜半岛的客观影响都不能否认也不能回避，妄图将中国边缘化的任何企图都是注定要失败的。这既是中国和朝鲜半岛国家关系的基本盘，也是解决朝鲜半

历史已经证明而且还在不断证明，中国对朝鲜半岛有着任何国家无法比拟的地缘和历史的影响力，这种影响力是在上千年的中朝关系历史中充分建构形成的。

岛核问题的最基本的钥匙。目前，朝鲜半岛核问题出现了一定转机，从根本上讲，是中国“稳定器”发挥了重要作用。

第二，朝韩统一进程与朝核问题解决出现交叉态势。此轮以“冬奥外交”为切入点的局势缓和得以出现的原因，就是朝韩对于双方将近 10 年的对峙和持续紧张感到了高度不满。历史已经证明了，朝鲜半岛紧张对立加剧，是对朝韩两国国家利益的重大损害，也对地区局势造成了重大影响。因此，朝韩周期性缓和与相互妥协也是势在必行。

第三，日本因素的干扰作用值得警惕。日本作为干扰变量，曾对六方会谈的进程起到了较大消极作用。日本在六方会谈期间将人质问题等无关议题加入会议议程，严重干扰了会议进程和局势发展。最终六方会谈的暂停，虽然不能完全归因于日本，但日本显然起到了负面作用。

朝鲜最高领导人金正恩访问中国后，日本立即大感意外和尴尬。日本官方和部分媒体不无酸意地散布各类离间中朝、朝美甚至是韩美关系的消息，以此凸显其存在和所谓的“领导地位”。这反映出日本作为地区大国，一直希望依靠美国的护持，恢复其对地区局势的管控力，不甘心成为地区安全的二流国家。但是从目前的局势来看，留给日本可以进行外交操作的空间并不大，日本只有与其他国家一道，在朝核问题上调节促和，才能为维护地区和平发挥积极作用，也才真正有利于日本的国家利益。

第四，朝美敌对半个多世纪，冰冻三尺非一日可消。双方改善关系进程还会出现波折。2019 年 2 月底朝美领导人在河内举行的会晤就不欢而散，没有签署联合宣言。美方对此的解释是朝鲜必须实现无核化，才能全面解除对其制裁。朝鲜方面则表示朝方在会晤过程中，向美方提出了“现实的建议”，以关闭数处核设施换取美国解除部分对朝制裁，优先解除涉及民生和民用经济方面的制裁。但是，美国不愿意满足朝鲜要求部分解除对朝鲜的制裁，导致朝美第二次首脑会晤没有取得成果。不过，双方并没有把话说死。朝鲜方面没有恢复核试验，美国方面表示还要与朝鲜继续接触。这表明，尽管受挫，但对话仍是解决半岛核问题的唯一选择。

伊核协议面临夭折

伊核协议面临夭折

中国国际问题研究院发展中国家研究所　刘　畅

自 2015 年 7 月 14 日伊朗和伊核问题六国就《联合全面行动计划》(JCPOA，又称“伊核协议”)最终文本达成一致，到美国 2018 年 5 月 8 日退出伊核协议两年多内，虽然各方围绕协议及伊朗核计划与弹道导弹计划的争论始终没有停歇，尤其是美国对伊朗的各种制裁并未因协议的达成而完全中止，但协议大体上得到执行。然而，特朗普总统上台一年多后，宣布美国退出伊核协议。这使得伊核问题再起波澜，同时也将对整个中东地区局势产生负面影响。

一、特朗普政府退出伊核协议的过程与原因

美国与伊朗关系本来就十分复杂。特朗普总统执政后，双方关系急剧恶化，再次跌入紧张对峙的恶性循环中。一度看上去比较稳固的协议框架，由于美国的退出而出现危机。

2018 年 5 月 8 日，美国总统特朗普在白宫宣布，美国将退出伊核协议并将对伊朗实施“最高级别的经济制裁”

（一）美伊斗争与特朗普的“退群”

在美国退出前，伊核协议的执行就不是一帆风顺，主要是在解除对伊制裁的过程中伊美存在矛盾。

从伊朗方面看，解除制裁后的实际情况与之前的期盼形成巨大落差。在国际社会解除对伊朗制裁后不久，伊朗同外界，尤其是与欧洲的经贸关系急速升温，伊欧在能源、金融、工业、基建、钢铁、汽车制造等多个领域的合作前所未有地加深，其中最具代表性的当属法国道达尔集团同中石油入股伊朗南帕尔斯（South Pars）天然气开发项目。然而，在热闹了一段时间后，伊朗发现西方，特别是欧洲与其的经贸合作，尤其是对伊朗的投资合同实际上是雷声大、雨点小，欧洲一些大金融机构出于美国部分保留对伊制裁的原因，仍不愿与伊朗银行进行生意往来和为伊朗项目融资，这与伊朗期盼伊核协议能为自己带来巨大经济红利的愿望形成了很大反差。这反过来进一步刺激了伊朗国内原本就反对签署伊核协议的保守强硬派对协议的批评之声，作为温和保守派的鲁哈尼政府本就为说服国内各政治势力与伊核问题六国达成来之不易的协议而几乎耗尽了自己的国内政治资本，却仍旧被美国以不同理由施加制裁，伊朗国内的强硬派因此也极力反对伊核协议①。

就美国而言，伊核协议后，美国只解除了与核问题相关的制裁，仍在其他方面保留对伊朗的制裁，如对伊朗的弹道导弹计划实施新的制裁，以及对伊朗所谓“支持恐怖主义活动”保留一系列制裁法案。由于这些法案的存在，除非获得特别许可，美国人和公司是不可以与伊朗人或伊朗公司进行贸易交易的②。特朗普当选美国总统则为美伊围绕伊核协议争斗带来新变量。在特朗普政府看来，伊核协议损害了美国在中东的战略利益。因此，在竞选期间，特朗普就坚决反对伊核协议，称该协议是美国历史上“最糟糕的交易”，发誓如能当选，他的“第一要务就

---

① 田文林．伊朗核问题全面协议评析．国际研究参考，2015（8）．

② 李国富．伊朗核协议与美伊关系//中国国际问题研究院．国际形势和中国外交蓝皮书（2017）．北京：世界知识出版社，2017：187．

是解除和伊朗的灾难性交易”；在执政后，特朗普马上调整了美国的中东政策，宣布重新评估伊核全面协议。2018 年 1 月 12 日，特朗普发表声明称，“最后一次延长针对伊核问题的制裁豁免期”，如果在 5 月 12 日前，美国国会和欧洲国家未能同意修改伊核协议条款，美国将退出协议。5 月 8 日，美国宣布退出伊核协议。5 月 21 日，美国务卿蓬佩奥宣布了美退出协议之后的对伊新战略，要求谈判全面解决伊朗问题的新“国际条约”。

（二）特朗普“退群”的原因

特朗普执意单边退出伊核协议背后的动因十分复杂：有特朗普兑现竞选承诺、清除前任政治遗产的考虑；有巩固共和党内对伊强硬派和犹太利益集团支持的诉求；有在中期选举前对外示强，巩固选票基本盘的想法；也是美国军工、能源利益集团未能在伊核协议执行后获得比较经济优势从而产生巨大不满的结果①。但从根本上来说，特朗普“退群”是其所代表的美国保守派对世界形势和国际格局认知发生根本转变的产物。

1. 特朗普政府看待国家安全、世界格局和国家战略的视角发生的根本性转变是其此次“退群”的根本原因

特朗普政府在其首份《国家安全战略报告》中，用充满竞选纲领式的语言向世人勾勒出了一个充斥着零和博弈和竞争关系的世界秩序，其最核心的理念在于美国看待世界的观念正在发生根本性变化，过去支撑美国外交政策根基的“接触战略”正逐渐崩溃，因此需要用“有原则的现实主义”来指导美国外交，由此界定美国的国家利益、地区战略和行事方式等。而权力政治、军事与武力、先发制人打击等保守主义色彩浓厚的手段被置于外交手段之前，外交手段只能在军事手段难以发挥作用时扮演补充角色；同新兴国家的“模式之争”将主宰未来世界政治的主题，它甚至被赋予了“你死我活”式的现实主义色彩。

---

① 谷宁．退出“伊核协议”，美国新中东战略的关键步骤．瞭望，2018（20）．

2. “逢奥必反”的政治手腕及其决策团队的“小集团思维”导致特朗普偏好强硬路线

特朗普自上任以来所退出的国内外机制或协定几乎都是前任奥巴马的业绩。从国内医改、跨太平洋伙伴关系协定、巴黎气候协定、联合国教科文组织，到伊核协议，再到之后的联合国人权理事会等，只要是奥巴马留下来的政治和外交遗产，特朗普都要把它们废掉。表面看，废除行动是特朗普与奥巴马间的矛盾，但深层次原因则是共和党和民主党对待国际事务的原则立场分歧。民主党愿采取多边政策，愿达成多边协议；共和党则坚持双边来解决国际问题。特朗普具有深厚商人气息，不太在意意识形态争夺，喜欢实用主义的讨价还价。

此外，特朗普的执政团队重用了两部分人：一是军人，国防部长、白宫办公室主任、国家安全事务助理，都与美军方有关，而他们的背后是强大的军工集团；二是华尔街精英，其内阁中，有多位部长级阁员来自华尔街，无处不在的犹太人控制着美国政治、经济、军事、文化产业。特朗普总统不顾反对，把美国驻以色列大使馆迁到耶路撒冷，现在又悍然退出伊核协议，这一切都与美国内利益集团紧密相关，也与特朗普总统寻求国内利益集团，特别是犹太人集团的支持密不可分[①]。

3. 特朗普政府对伊核协议极其不满是其“退群”直接原因

特朗普之所以对该协议耿耿于怀，主要认为其存在三个“重大缺陷”：第一，没有严格限制伊朗继续研发、发射弹道导弹；第二，与伊朗继续“支持国际恐怖主义，严重破坏中东地区国家的稳定”脱钩；第三，有关“日落条款”（即针对伊朗核计划的一些限制将于 2025 年到期）“并没有实现让伊朗彻底无核化的目的，而仅仅是延迟了伊朗成为核国家的时间而已”[②]。特朗普政府认为，美国需要用一种更全面的方式

---

① 滕建群. 频繁“退群”正透支美国的国际信誉.（2018－05－06）. https://mp.weixin.qq.com/s/9KO8BfrcU0ZQwKBoWtaF4w.

② 李国富. 特朗普对伊政策与伊核协议//中国国际问题研究院. 国际形势与中国外交蓝皮书（2018）. 北京：世界知识出版社，2018：208.

来看待伊朗给全世界带来的危害，因此，如果要美国继续遵守伊核协议，就必须对伊核问题进行重新谈判，修改协议内容。

二、国际社会对特朗普政府退出伊核协议的反应

特朗普的“任性退群”可谓“一石激起千层浪”，在国际社会引发了激烈争论，各方反应接踵而来。总的来说，对美表示“遗憾”甚至反对的声音，远多于支持或赞成。

1. 伊朗态度成焦点

伊朗的态度是伊核协议存废的关键所在。美国退出伊核协议的影响，伊朗可谓首当其冲，因此伊朗的反应最为引人瞩目。有趣的是，伊朗在特朗普公开其决定前，不断示强，之后，则表现得较为沉稳、理性。

此前，对于特朗普政府不断加大对伊朗制裁和不断表示要退出伊核协议的威胁，伊朗毫不示弱，做出了强硬回击。一方面，伊朗加快了导弹试射的频率，伊朗国防部长哈塔米表示，只要某些人继续威吓伊朗，伊朗就会继续研发导弹；另一方面，伊朗政府领导人也强硬表态，总统鲁哈尼在回击美国制裁时，称“如果美国继续对伊朗实施新的制裁措施，伊朗将退出核协议”。伊朗明确表示，伊朗不会主动破坏伊核协议，但将坚决回应（美国）任何违反协议的行为。伊朗原子能组织主席萨利希警告，如果美国退出核协议，“只要我们有决心，我们有能力在5天内恢复制造纯度为20%的浓缩铀”①。萨利希还强调，伊朗绝不会同意重新谈判伊核协议。

---

① 李国富．特朗普对伊政策与伊核协议//中国国际问题研究院．国际形势与中国外交蓝皮书（2018）．北京：世界知识出版社，2018：209．

不过，当美国退出伊核协议后，伊朗又表现得很理智。鲁哈尼总统表示，伊朗将继续留在协议中，同时与其他伊核协议五国（P4＋1）保持密切沟通，并在几周内决定如何应对、反制美国。因此，观察、协调与适度反制是伊朗当前外交政策的主基调，而下一步如何走，既取决于外部环境，也取决于伊朗国内的政策博弈。随着形势变化，伊朗的态度也在强硬与克制之间起伏。

伊朗总统鲁哈尼

5 月 24 日，伊朗最高领袖哈梅内伊为欧洲大国提出了 7 个条件，称如果这些条件不能得到满足，伊朗将保留恢复核活动的权利，这 7 个条件是：（1）鉴于英、法、德三国对核问题曾有不诚实行为，欧洲人必须证明他们不打算重复这种不诚实行为；（2）这三个欧洲国家并没有投诉美国一再违反伊核协议精神和内容的行为，它们必须弥补这种无知；（3）美国退出伊核协议违反了联合国安理会第 2231 号决议，欧洲人必须向联合国安理会提出针对美国的决议，并对美国的举动进行投诉；（4）这三个欧洲国家的首脑必须承诺避免提及伊朗在该地区的导弹计划和存在；（5）欧洲人必须反制美国对伊朗的任何制裁，所有人都必须知道伊朗不会放弃其力量因素，尤其是其防御能力；（6）如果美国阻碍伊朗出售石油，欧洲人必须从伊朗购买石油，以满足伊朗的需求；（7）欧洲的银行必须保证与伊朗进行交易。此外，伊朗政府称欧洲需要在 6 月份之前提出一系列经济保障措施，以防止特朗普退出伊核协议引发的危机进一步升级，伊朗希望石油出口继续保持在目前水平，伊朗能够继续运用国际资金并完成与欧洲公司签订的合同。

此外，伊朗最高领袖哈梅内伊 6 月 4 日发表讲话时表示，伊朗原子能组织应在全面协议框架内，尽快做好将铀浓缩能力提升至 19 万分离功单位的必要准备，并根据鲁哈尼总统命令，于 6 月 5 日启动其他准备工作。同日，伊原子能组织发言人称，伊将致函国际原子能机构，宣布将于 5 日起加强六氟化铀生产能力。

伊朗上述种种表态说明：第一，伊朗对美国退出伊核协议及美国制裁所带来的恶劣影响仍然心怀忧虑，目前已经显露出的苗头是欧洲的大企业在美国制裁的重压下，恐将失去美国庞大的市场及金融准入，因此多半会在权衡利弊之后退出伊朗市场以求自保，这对于伊朗的经济将造成雪上加霜的恶劣影响，所有伊核协议所带来的预期红利都将化为泡影；第二，伊朗一直寻求将核问题与其在中东地区的活动，特别是弹道导弹计划和对其地区代理人的支持进行“脱钩”，其目的就在于为其导弹研发提供合法性基础，并反对避免地区国家被美以沙煽动起来组成反对自己的地区大联盟；第三，伊朗国内政治形势变动对其对外表态影响很大，鲁哈尼政府既需要拉住美国以外的伊核问题五国及欧盟来保证目前的伊核协议得以继续有效执行，又要安抚国内强硬保守派对于伊核协议及美国“退群”的激烈抨击以稳固其执政地位，因此在对欧俄中等相关方表示出合作诉求的同时，又会不时发出强硬声音，甚至以退出伊核协议乃至《核不扩散条约》（NPT）作为威胁。

2. 沙特、以色列等美国中东盟友“击掌相庆”

作为伊朗在中东地区的主要竞争对手和伊核协议的一贯反对方，沙特阿拉伯和以色列对特朗普政府的这一举动表示欢迎。早在美国退出伊核协议之前，以色列总理内塔尼亚胡就在一场电视直播的演讲中宣称，该国情报机构摩萨德在2017年“一夜之间”从伊朗首都德黑兰南部的一处核设施中偷出了10万份与伊朗核武开发有关的文件，重达半吨，并在直播镜头中揭开了这些所谓伊朗拥核“新证据”的幕布。在特朗普“退群”之后，内塔尼亚胡称“我们完全支持美国退出协议”。沙特阿拉伯也欢迎美国退出伊核协议，支持向伊朗追加新的制裁。

沙以等美国地区盟友对特朗普“退群”表示欢迎，原因是在它们看来，此前奥巴马在中东的“退缩”政策危及美国地区盟友利益，在“伊斯兰国”实体被基本消灭之后，伊朗的地区扩张已经超越“伊斯兰国”上升为中东各国最严重的安全关切，而这一切都要拜伊核协议将核问题与伊朗的地区扩张脱钩、为伊朗的地区扩张进行合法性背书和解套所赐①。

3. 欧洲力保协议

欧洲（主要是欧盟与英法德）作为伊核协议的最紧密“利益攸关方”之一，对美国“退群”反对最为激烈。美国退出伊核协议后，英法德三国（E3）发表联合声明，对美国做出的决定表示遗憾，宣布三国将继续执行协议，“决心确保”协议得到落实②；同时，欧洲担忧特朗普恢复、加强对伊经济制裁可能损害欧洲企业在伊利益，因此呼吁伊朗对美国的决定保持克制③，并表示三国将共同努力制定一份更广泛的

① 刘志杰．“后伊核协议时代”美以特殊关系浅析．世界经济与政治论坛，2016（4）．
② 闫洁．美国退出伊核协议，欧洲企业“很受伤”．中国联合商报，2018-05-14．
③ 许远．美退出伊核协议，你需要知道这些．中国国防报，2018-05-11．

框架协议，内容将覆盖 2025 年以后（即之前伊核协议所规定的“日落条款”到期后）的伊朗核活动，以及如何维护中东地区稳定。还有的欧洲智库为欧洲国家建言献策，认为可以采取多项措施反制美国的制裁威胁，例如：启动“阻断法令”（Blocking Statute），继续同伊朗进行经贸合作；同伊朗进行谈判，尝试达成长期能源伙伴关系或双边投资协定；成立公共机构降低与伊朗做生意的金融风险；等等。总之，美国退出伊核协议触动了欧洲在外交、经济和安全上的利益，面对美国威胁，欧洲将继续采取反制裁措施，凸显其维护伊核协议完整性和自身利益的决心。

美欧关于伊核协议存废的态度分歧实际上反映出了美欧之间深刻的矛盾。首先，美欧对伊政策目标不同，伊核协议涉及欧洲核心利益，除了经贸利益之外，更重要的还有中东难民对欧洲本土安全的冲击、欧洲能源来源多样性拓展、反恐（尤其是本土反恐）等；其次，美欧处理安全问题的理念思路不同，欧洲更倾向于采用多边方式进行处理，因此认为美单方面“退群”损害了国际秩序的基础；再次，废除伊核协议对美欧造成的经济利益损失不对称，欧洲不能容忍以美国的标准来裁定自己同伊朗经济活动的合法与否。

4. 俄罗斯力挺伊核协议

俄罗斯对特朗普退出伊核协议表示“失望”。俄外交部发言人强调说，俄罗斯没有看到伊核协议存在任何增改的空间①。俄总统普京在同以色列总理内塔尼亚胡通电话时强调，伊核协议对维护国际稳定与安全具有重要意义，有关各方应严格遵守该协议。

俄罗斯力挺伊核协议的原因在于其符合俄罗斯利益：既为俄罗斯创造更多的经贸机会，又给俄罗斯带来地缘政治好处，增强其在中东的地区影响力。因此，俄罗斯将加强同欧洲及中国的协调，以挽救伊核协议。

---

① 赵艳斌，杨昊. 聚焦伊核协议存废，各方博弈激烈. 中国国防报，2018-05-09.

2017 年 11 月 1 日，俄罗斯总统普京出访伊朗首都德黑兰，并表示：伊核协议有助于世界和平和稳定，某些国家（美国）未能履行国际承诺的行为不可接受

5. 国际组织与市场反应多元

联合国对美国“退群”行为的表态尤其值得关注。联合国认为，伊核协议代表了核不扩散与外交领域的一项重大成就，为地区及国际和平与安全做出了贡献，美国退出伊核协议对核查机制和多边主义来说都将是一个巨大的损害。联合国秘书长古特雷斯认为，伊核协议“非常重要，应该得到维护和加强”。联合国秘书长发言人迪雅里克也表示，“我们必须在这一重要成就基础上维护核不扩散体系，这是我们全球安全的基石”[①]。此外，负责监督伊朗对核协议遵守情况的国际原子能机构和独立监督机构均表态说，并没有证据表明伊朗正在逃避协议责任。

从全球金融市场的反应来看，伊核协议问题不论在短期内还是在长期内都将对全球经济活动产生重大影响。美国退出伊核协议或将使国际油价延续高位震荡走势，全球通胀压力将有所增加。美国“退群”后，

① 谷宁. 退出“伊核协议”，美国新中东战略的关键步骤. 瞭望，2018（20）.

美元指数有所震荡，COMEX 黄金（纽约商品交易所的一个交易品种）有所反弹，油价巨震后企稳，整体小幅收跌，美股基本平收而欧股收跌。在美国近期经济数据表现明显强于欧日英的背景下，特朗普政府对海外资本回流的诉求构成了美元反弹的政策因素。基于美国退出伊核协议后中东紧张局势将升级的预判，欧盟由于地理因素或受波及，欧元对美元可能趋降①。

就国际能源市场而言，伊朗受到制裁导致其降低向全球市场的原油供应，刺激油价上涨。由于美国对伊朗重新实施制裁，意味着全球市场面临失去平均每天 70 万桶的石油供应，供给的损失将导致显著的石油价格溢价，油价每桶可能会上涨 5 美元至 10 美元，因此美国对伊朗制裁所产生的不确定性将令石油定价决策变得更加困难。不过目前看来，美国退出伊核协议的破坏力仍主要体现在地缘政治上，对能源市场的冲击并没有前者那么大②。

三、中国坚决维护伊核协议

在伊核问题上，中国政府历来秉持公正立场，积极劝和促谈，发挥建设性作用。在美国单方面退出、伊核协议前景黯淡之际，中国以公正的立场，继续与其他各方致力于通过对话协商解决问题，得到国际社会普遍赞扬。

（一）中国在伊朗核问题上的一贯立场与积极作用

中国从维护地区和全球和平的立场出发，在伊核问题上尊重《联合国宪章》和国际法基本准则，始终坚持认为，推进对话合作是全面、长期、妥善解决伊朗核问题的唯一正确途径。中国主张，伊朗核问题有关

---

① 退出伊核协议，特朗普一箭多雕．国际商报，2018-05-11.

② 余家豪．美国退出伊核协议地缘政治影响比市场大．中国石油报，2018-05-15.

各方应坚持对话接触，逐步建立互信，寻求解决伊朗核问题的办法。中国同伊朗开展能源、经贸合作，是正常的国家间往来活动。美国对伊朗实施单边制裁，对与伊朗进行石油贸易和金融交易的国家进行惩罚。对此，中国政府坚决反对。

在伊核问题谈判中，中国一直同伊朗核问题有关各方保持沟通，为推动谈判进程做出不懈的努力。中国积极参加伊朗核问题六国部长会谈，评估形势，协调立场，努力促成各方通过外交手段和平解决伊朗核问题。在每次伊朗核问题的会谈中，中国政府总是积极斡旋，以建设性的态度参与有关讨论，敦促各方进一步加大外交努力，照顾彼此关切，妥善处理分歧，推动对话早日取得进展，为伊朗核问题的全面、长期和妥善解决创造条件。同时，中国始终负责地参与安理会有关决议的磋商，并严格履行有关决议。中国坚定维护国际核不扩散体系，反对核武器扩散，积极配合国际社会解决伊朗核问题的一切政治努力。每当伊朗核问题处于危机时，中国总是努力劝和促谈，呼吁有关方保持冷静克制，并积极参加多轮次的六国会谈，为缓解紧张局面提出建设性主张，力避局势升级和恶化，与国际社会一道做维护地区稳定的工作。在伊朗核问题上，中国始终发挥建设性作用，付出的努力和所起的作用有目共睹，赢得了国际社会的广泛欢迎。

> 在伊朗核问题上，中国始终发挥建设性作用，付出的努力和所起的作用有目共睹，赢得了国际社会的广泛欢迎。

伊核全面协议达成后，中国与相关方一起，积极准备协议的执行和落实。尤其在改造阿拉克重水堆这一关键问题上，中国同美国、伊朗等各方开展了扎实而有效的合作，推动相关方达成“官方文件”和“谅解备忘录”，为协议的执行创造了有利条件。此外，中国政府为国际原子能机构执行全面协议的核查任务捐款 400 万元人民币。

此外，中国还同有关国家在双边关系层面就维护和执行伊核全面协议做出明确表态，致力于有效解决伊核问题。中俄两国在 2017 年共同发表的《中华人民共和国和俄罗斯联邦关于当前世界形势和重大国际问题的联合声明》中表示，中俄“双方欢迎《联合全面行动计划》得到顺利执行。这得益于伊朗核问题六国及欧盟与伊朗的真诚合作。执行该计划有利于巩固地区和国际安全以及国际核不扩散体系，符合国际社会的共同利益。双方呼吁《联合全面行动计划》各方和负责核查工作的国际原子能机构继续认真履行义务，通过谈判解决分歧，确保《联合全面行动计划》得到持续、全面、有效执行。双方将继续就执行《联合全面行动计划》保持紧密协作”①。

（二）中国声音助力伊核协议企稳

在美国单方面宣布退出伊核协议之后，中国政府本着公正、合理、负责的态度，在第一时间发声，为稳定局势、团结各方发挥了不可替代的重要作用。

在 2018 年 5 月 9 日的外交部例行记者会上，发言人耿爽对美国单方面退出伊核协议明确表达中方立场，称“中方对美方所做决定表示遗憾。伊朗核问题全面协议是由六国、欧盟和伊朗共同谈判达成的多边协议，并经过安理会第 2231 号决议核可，所有各方都应当认真执行，维护全面协议的完整性和严肃性。这有利于维护国际核不扩散体系，促进中东地区和平与稳定，对通过政治手段解决热点问题也具有示范意义。当前形势下，中方呼吁所有各方本着负责任态度，从长远和大局出发，坚持政治外交解决方向，妥善管控分歧，尽快回到继续执行全面协议的正确轨道上来。中方将本着客观、公正和负责任态度，同各方保持对话协商，继续致力于维护和执行全面协议”②。中方认为，美国是国际社会的重要成员，希望美国政府能够同国际社会多数成员一道，坚持多边主义，坚持通过政治外交手段，在多边框架内解决伊核问题。

---

① 中华人民共和国和俄罗斯联邦关于当前世界形势和重大国际问题的联合声明（全文）.（2017－07－05）. http://www. fmprc. gov. cn/web/ziliao_674904/1179_674909/t1475442. shtml.

② 2018 年 5 月 9 日外交部发言人耿爽主持例行记者会.（2018－05－09）. http://www. fmprc. gov. cn/web/fyrbt_673021/jzhsl_673025/t1558029. shtml.

中国政府还明确表态，近三年来的实践充分证明伊核问题全面协议是有效的。“中方始终认为，维护全面协议的完整性和严肃性，有利于维护国际核不扩散体系，也有利于维护中东和平稳定。中方认为，坚持这一协议得到有效落实和执行，对解决其他国际热点问题本来也能起到很好的示范作用。在当前形势下，中方呼吁所有有关各方本着负责任态度，着眼长远和大局，基于现实和理性，继续坚持通过外交对话解决问题的正确方向，妥善管控分歧，使全面协议得以继续执行，并在此基础上致力于建立互信，解决各自关切的其他问题。中方将继续本着客观、公正和负责任态度，同所有有关各方保持对话协商，致力于维护和落实伊朗核问题全面协议。”①

关于美国退出伊核协议后中国同伊朗的正常经贸关系将如何发展，中国在坚决维护自身合理国家利益的同时，也继续秉持公正客观的态度，呼吁各方在伊核协议框架内继续加深同伊朗的经贸合作。中伊两国一直在包括石油领域在内的众多项目上保持着正常的经贸往来，中方将继续在不违反自身国际义务的前提下，同伊朗保持这样的经贸往来。至于美国退出伊核协议后对伊朗实施并追加的新的制裁措施，中国认为，遵守国际协议是国际法的基本常识，大国应为此发挥表率作用，中方将和其他有关各方一道，继续坚定维护伊朗核问题全面协议的严肃性和权威性。中方还认为，对一段时间以来，美国或者其他国家在国际关系中采取单边制裁的做法，中方从来是坚决反对的，不仅是在伊朗问题上，在其他问题上也如此。

此外，中国还通过多边渠道积极发声，为维护和履行伊核协议义务做贡献。在 2018 年 6 月公布的《上海合作组织成员国元首理事会青岛宣言》中，中国同上合组织其他成员一道，指出持续履行伊朗核问题全面协议十分重要，呼吁协议参与方恪守义务，确保全面协议得到完整、

① 2018 年 5 月 23 日外交部发言人陆慷主持例行记者会.（2018－05－23）. http://www.fmprc.gov.cn/web/fyrbt_673021/jzhsl_673025/t1561836.shtml.

有效执行，促进全世界和地区和平与稳定[1]。对此，习近平主席在会见前来参加上合组织青岛峰会的伊朗总统鲁哈尼时表示，伊朗核问题全面协议是多边主义重要成果，有助于维护中东地区和平稳定及国际核不扩散体系，应该继续得到切实执行。中方一贯主张和平解决国际争端和热点问题，愿同伊方加强在多边框架内合作，推动构建新型国际关系[2]。

四、伊核协议受挫的影响

虽然特朗普执意退出协议的同时，没有完全关闭重开谈判、再达成一个新协议的大门，但是，这“破旧”之后的“立新”，更像是“不战而屈人之兵”的“城下之盟”，很难被伊朗接受。伊核协议面临夭折，将给国际多边主义和核不扩散事业带来巨大冲击，其对伊核协议前景、美伊关系走向、中东地区形势变化、国际秩序何去何从等必将造成深远影响。

（一）美伊关系雪上加霜

核问题是美伊结构性矛盾的集中爆发点之一，在美伊总体关系没有实质改善的情况下，伊核协议受挫，为敌对的美伊关系火上浇油。

1. 对伊制裁

美国对伊朗的制裁始于 1979 年的伊朗人质危机事件。1979 年 11 月，伊朗学生强行接管美驻伊使馆，扣押美国使馆人员和平民。当时的卡特政府通过一系列总统行政令，采取了禁止进口伊朗石油、冻结伊朗银行和政府在美资产、对伊朗进行出口禁运并禁止美国公民赴伊旅行等制裁措施。1981 年伊朗释放美国人质后，卡特政府取消了除冻结伊政府

---

① 上海合作组织成员国元首理事会青岛宣言.（2018-06-11）. http://www.fmprc.gov.cn/web/ziliao_674904/1179_674909/t1567546.shtml.

② 习近平与伊朗总统会谈. 人民日报（海外版），2018-06-11.

在美财产之外的禁令。此后，历届美国政府都通过一系列法案和行政命令，对伊朗采取了不同程度的制裁措施。制裁理由主要包括伊朗支持恐怖主义活动、寻求获取大规模杀伤性武器、威胁美国国家安全。美国对伊朗的制裁主要呈现以下几个特点：一是制裁行动具有较强的连续性，二是制裁所涉及的领域和范围逐步扩大，三是以能源制裁和金融制裁为主。

2018 年 5 月 8 日，特朗普总统宣布退出伊核协议时，要求重启之前取消的与核相关的制裁，并要求财政部等政府部门采取行动执行其决定。当天，财政部海外资产管理办公室（OFAC）发表声明，表示将在 90 天和 180 天的缓冲期后恢复之前适用的制裁。此后，OFAC 先后于 5 月 10 日、5 月 15 日、5 月 22 日和 5 月 24 日，将伊朗相关个人和实体列入特别国民清单，对其实施金融制裁，可见其制裁行动之迅速。

OFAC 的制裁内容具体包括以下两个方面：一是 90 天后恢复的制裁，包括对伊朗政府购买或收购美元的制裁、对伊朗的黄金或贵金属贸易的制裁、对与伊朗里亚尔（伊朗货币）有关的重大交易的制裁及对伊朗汽车行业的制裁等；二是 180 天后恢复的制裁，包括对伊朗的能源部门的制裁，对伊朗港口经营者和包括伊朗伊斯兰共和国航运公司（IRISL）、伊朗南方航运公司或其附属公司在内的船运和造船部门实施的制裁，对与伊朗国家石油公司（NIOC）、Naftiran 国际贸易公司（NICO）和伊朗国家油轮公司（NITC）等进行石油相关交易的制裁，包括从伊朗购买石油、石油产品或石化产品。此外，OFAC 对缓冲期内不会被制裁的活动进行了详细规定，从而将制裁行动对实施制裁前各方合法活动的影响降至最低。因此，企业仍可结合自身业务情况，在缓冲期内采取有效措施，减少与伊朗或涉及伊朗的活动，从而降低被制裁风险。

就制裁效果而言，石油行业毫无疑问是此次制裁的重点关注对象，也是受制裁风险最高的行业。石油是伊朗经济的重要支柱之一，因此能源（以石油为主）制裁一直是美国制裁伊朗的重要手段之一，也是美国制裁手段中较为有效的一种。2016 年 1 月 16 日，是伊核协议“执行日”，美国解除了对伊朗的相关制裁，其中包括与伊朗能源和石化领域相关的制裁，包括限制伊朗石油出口和制裁向伊朗出口汽油和能源行业的设备，并限制外国投资伊朗能源行业。而此次又恢复了对伊朗的能源制裁，同时还恢复了对伊朗能源部门的制裁。因此，在缓冲期结束后，石油行业毫无疑问首当其冲，与之有业务往来的相关企业受到制裁的风险大大提高。2018 年 6 月 26 日，美国国务院官员宣布要求各国在 11 月前，将从伊朗进口的原油降至零，否则将面临美国的二级制裁。

美国一直在说服世界各国削减伊朗原油进口，但响应号召的国家寥寥无几

2. 对伊战略

在退出伊核协议之前，特朗普总统在 2017 年 10 月 13 日宣布对伊朗实施新战略时，认为美国“不能确认”伊朗遵守了核协议。这些新战略的主要内容有：（1）认为 1979 年伊斯兰革命后，伊朗建立的是一个奉行恐怖主义和扩张政策的独裁政权；（2）指责奥巴马政府达成的伊核协议存在诸多缺陷，损害了美国利益；（3）宣布对伊朗新政策，其中包括团结盟友应对伊朗破坏地区稳定和支持恐怖主义的行为、对伊

朗追加新的制裁、应对导弹扩散以及阻断伊朗获得核武器的所有路径等①。

在宣布退出伊核协议后，美国国务卿蓬佩奥在 5 月 21 日罗列出了特朗普政府对伊朗的 12 点新政策，伊朗必须：(1) 永久且可验证地放弃其核项目的军事化用途；(2) 停止铀浓缩活动（包括关闭重水反应堆），且永不寻求对钚的加工；(3) 为国际原子能机构对其全境内的所有核设施进行核查提供一切便利条件；(4) 终止弹道导弹研发和扩散，并不准再发射或研发任何有核能力的导弹系统；(5) 释放所有美国及其伙伴和盟友的人质；(6) 停止对中东各恐怖组织的支持，包括黎巴嫩真主党、哈马斯等；(7) 尊重伊拉克的主权独立，放弃对伊拉克什叶派民兵的支持；(8) 停止对也门胡塞武装的支持；(9) 从叙利亚全境撤出所有受伊朗指挥的武装力量；(10) 停止对阿富汗塔利班及其他恐怖组织的支持，并不再为“基地”组织的高级头目提供庇护；(11) 停止伊斯兰革命卫队在全世界范围内对恐怖分子和激进分子的支持；(12) 不再威胁美国的中东盟友的安全，取消其地区称霸野心。

对于蓬佩奥的言论，伊朗总统鲁哈尼第一时间发表讲话，称美国的“苛刻要求”不可接受，表示伊朗绝不会屈服。鲁哈尼说：“你以为你是谁，能代表世界替伊朗和其他国家做决定。今天全世界不会再接受美国替他们做出的决定。”伊朗武装部队总参谋长则回应称，伊朗已经做好了捍卫自己主权和领土完整的准备。美国的欧洲盟友也在第一时间对蓬佩奥的演讲提出批评，称该演讲并没有说明美国退出伊核协议后如何让地区安全形势变得更好，以及如何使伊朗问题变得更容易解决②。

总体来说，蓬佩奥的表态可能预示美伊关系的两点走向：第一，特朗普政府对伊政策的核心目标已转变为对伊进行“政权更迭”。特朗普一改奥巴马政府与伊朗接触策略，认为伊神权统治本质邪恶，改变其短期行为无法根本解决问题，因此，特朗普打压伊朗地区扩张和战略导弹

---

① 李国富．特朗普对伊政策与伊核协议//中国国际问题研究院．国际形势与中国外交蓝皮书（2018）．北京：世界知识出版社，2018：210.

② 美国与伊朗关系再趋紧张．人民日报，2018-05-24.

计划，实际上是推翻伊朗政权的阶段性步骤。当然，也不排除美国为了迫使伊朗放弃地区“野心”，故意摆出“政权更迭”的姿态，真实意图是抬高要价，压迫伊朗屈服，改变伊朗政府的行为模式，迫使伊朗收敛地区行为。第二，美国对伊强硬的新政策或将逼迫伊朗以强硬对强硬，伊朗甚至可能在认定留在伊核协议内的收益远不及其所受的损失的情况下，退出伊核协议甚至核不扩散体系，如此一来，美伊冲突风险将大大增加，美伊直接军事对抗的可能性将走高。总之，蓬佩奥所透露出来的美国对伊新政策，将给美伊关系的未来蒙上一层厚厚的阴影，这可能预示着美国会越来越多地依靠武力解决伊核问题，这将是十分危险的，甚至会带来灾难性后果。

（二）未来中东形势扑朔迷离

当前，美国和其中东盟友认为，在“伊斯兰国”实体基本被消灭、地区反恐战争暂告一段落的情势下，伊朗在中东地区的“扩张”行为已超越“伊斯兰国”所代表的恐怖主义，上升为地区主要威胁和各国最大担忧，其影响远甚于核活动。因此，美国认为，不能将核问题同伊朗的其他问题脱钩。在它们看来，伊核协议最大的问题是为伊朗进行地区“扩张”提供了合法性。为了纠正奥巴马政府的“错误”，特朗普政府以伊核协议为抓手，将伊朗立为中东地区头号“地区公敌”，其目的就是重塑乃至构筑全新的地区同盟体系，加紧同中东各国拉帮结伙，塑造全新的、以美国为主导的中东新秩序，以削弱伊朗的地区“野心”，并同因反恐和叙利亚战争而在近年极速崛起的俄罗斯-土耳其-伊朗三边同盟进行强有力对抗，重夺被美国认为因伊核协议而在过去几年拱手让给伊朗和俄罗斯的“中东地区领导权”。

这将使中东形势进一步动荡：伊美、伊以、伊沙矛盾将迅速升温，助燃叙利亚、也门等多地乱局；美俄博弈加剧，可能将形成以美国为首的逊尼派国家和以俄罗斯为首的什叶派国家的两大阵营①；而从纷乱中

① 刘宝莱. 特朗普退出伊核协议将开启“潘多拉魔盒”. 解放日报，2018-05-11.

获益的，就只有恐怖组织，受苦的，从来是无辜民众。

（三）全球秩序或受新挑战

美国退出伊核协议将会给全球秩序带来严重后果：一方面，国际核不扩散体系将有可能遭受重大打击。如果伊朗也退出伊核协议，那么将打击多年来的核不扩散努力和承诺，并可能促使伊朗在没有国际监督的情况下重启核计划。当然，如果坚持不退出伊核协议，放弃核扩散选项并遵守自己的承诺，伊朗将能获得负责任的国际事务参与者的信誉，而美国将失去这种信誉。问题在于，美伊间极其脆弱的互信可能很难使伊朗为了获得这种信誉而冒本国安全受损的风险。2019 年 5 月 8 日，伊朗向英国、法国、德国、中国和俄罗斯五国致函通报了暂停履行伊核协议部分条款的决定，并给予欧洲协议方 60 天时间磋商，否则会暂停履行更多协议的义务。5 月 15 日，伊朗对浓缩铀和重水产量已经不设限制。由于核协议容许伊朗将超出规定产量的浓缩铀和重水运往国外储存或出售，因此伊朗的这一措施尚未违反协议。但是，事态的发展有可能使核扩散阴影再次笼罩中东。

另一方面，国际多边主义也遭受严重挫折。特朗普的“退群”外交开了一个很不好的口子，即按照特朗普的逻辑，以后任何国家都有可能因为某一国际协议或条约不符合本国利益而单方面退出，合作解决重大国际争端的模式将进一步受挫，强权与斗争的方法再获青睐。这显然不利于和平解决国际争端和安全问题，各国还是应该通过平等对话协商的政治与外交途径，解决人类所面临的各种传统或非传统安全问题。

南海问题趋向缓解

南海问题趋向缓解

中国国际问题研究院亚太研究所　宋均营

南海问题经历了一个不断升温、持续紧张又逐渐趋于缓和的过程。自2010年后，在各种因素作用下，部分声索国高调示强，希望固化和扩大其既得权益，美日等域外大国出于牵制中国等考量而不断加大介入力度，相关国家在领土主权、海域划界、海洋权利和管辖权等问题上事端频发。面对复杂局面，中国在保持南海总体稳定的情况下，加大维权力度，开展岛礁建设等。这些做法合情合理合法，但外界对此产生种种不适，以“改变现状”“军事化”“破坏地区稳定”等理由指责中国，尤其是美国采取挑衅性行动，派舰机闯入中国领海之内，中美南海博弈更趋激烈。围绕南海仲裁案及其结果，相关国家借此机会加大向中国施压。同时，国际社会理解和支持中国立场的国家越来越多，部分域外国家以仲裁案迫使中国就范的图谋未能得逞。尤其是随着中菲关系的改善，中越关系的稳步发展，中国和东盟海上合作的深入，南海争端得到有效管控。可以明显看到，在南海仲裁案结果公布后，南海的紧张局势“利好出尽”，此前一轮的紧张局面“触底回升”，南海进入新一轮缓和合作的良性互动周期。但由于各种原因，南海平静的海面下仍暗流涌动，不排除在特定条件下再次紧张的可能。面对复杂局势，中国继续坚持对南海的既定政策，主张以双边谈判和平解决争端，以“双轨思路”来处理南海问题，坚决维护在南海的航行和飞越自由，在管控矛盾的同时积极推动海上合作，将南海建成“和平之海”“合作之海”“友谊之海”。

一、南海问题的由来

南海是位于中国南边的陆缘海，也是连接西太平洋和印度洋的半闭海，面积356万平方公里，地理位置十分重要。自古以来南海都是商旅要道，海上丝绸之路由此经过，如今是世界上最繁忙的“海上生命线”之一。南海共有岛礁沙滩230多个，分属东沙、西沙、中沙和南沙四个群岛，普遍面积较小，主岛太平岛也只有0.49平方公里。大部分岛礁的生存条件较差，不适合人类居住。

中国是最早发现、命名、开发、利用南海岛礁并行使有效管辖的国家，对南海岛礁及其附近海域的主权具有充分的历史和法理依据。近代以来，法国和日本等国占领南海岛礁，挑战中国主权，但结果均告失败，中国主权得到进一步强化。二战结束后，中国政府于 1946 年 12 月派“太平”“中业”等舰前往南海接收诸岛，并在岛上勒石鸣炮以示主权。1948 年 2 月，中国政府正式公布了《中华民国行政区域图》并附《南海诸岛位置图》，图中以 11 条断续线将南海的四个群岛及其附近海域划入中国版图。这是中国政府正式确定领土范围的严肃国家行为，为当时的国际社会所承认，也为菲律宾、越南等国所接受，20 世纪 70 年代前它们都未对此提出异议。也就是说，在 20 世纪 70 年代前，根本不存在所谓的南海问题。

1970 年以后，特别是 1982 年《联合国海洋法公约》通过后，菲律宾、越南、马来西亚等国不断加大占礁、圈海、采油力度，严重侵害中国主权，埋下了目前南海争端的隐患。南海争端所涉内容复杂，但基本上可以概括为三个方面：一是岛礁领土之争，二是海域划界之争，三是海洋权利和管辖权之争。岛礁主权之争是南海争端的核心，涉及六方，即中国大陆、中国台湾、越南、菲律宾、马来西亚、文莱。目前，西沙群岛由中国大陆控制，东沙群岛由中国台湾控制，南沙群岛各方所占岛礁情况是：越南占 29 个、菲律宾占 8 个、中国大陆占 7 个、中国台湾占 1 个、马来西亚占 5 个，文莱对南通礁提出主权要求。

近年来，南海问题持续升温，主要原因有两个：

一是部分声索国主动示强，希望固化并扩大其既得权益。一方面，周边国家对中国崛起感到不安，担心中国将来改变现状，因此选择在中国将强未强之际以及“南海行为准则”（COC）签署之前，创造一种于己有利的利益格局。另一方面，菲律宾、越南等国近年来国内矛盾突出，民族主义上升，驱使其南海政策变得强硬。另外，各国重视发展海洋经济，加大了对南海资源的开发力度和海洋管辖力度，导致冲突频发。

二是域外国家积极介入推波助澜。奥巴马政府时期，美国将南海问题视为推行“亚太再平衡”战略的抓手之一，为牵制中国，强化与菲律宾、越南等国的伙伴关系。印度在“向东看”政策下加强在南海的存在，同越南开展军事合作，同菲律宾联合开发油气资源等。日本也在后勤装备、人员培训等方面加大同菲律宾、越南的海上合作以牵制中国。

二、中国的立场和政策

南海争端产生以来的几十年，恰是中国改革开放与和平发展的时期。为维护一个和平稳定的周边环境，中国政府提出“搁置争议、共同开发”的主张，呼吁其他声索国通过双边谈判解决争端，积极推动海上合作来促进共同利益。几十年来，中国的南海立场和政策是一贯明确的，也是克制的、和平的、合作的。外界总有人对此理解不足或故意歪曲。充分阐释中国的南海立场和政策，有助于增信释疑。

（一）中国对南海诸岛及其附近海域的主权具有充分的历史和法理依据

资料链接

中国是最早发现、命名、开发、利用并有效管辖南海的国家

东汉杨孚《异物志》中就有“涨海崎头，水浅而多磁石”的描述，“涨海”指的就是南海。南宋赵汝适《诸番志》中的《诸番图》就包括南海诸岛。明清时期的多种地图都绘有南海诸岛，如《郑和航海图》标绘出南海500多个地名，属于中国的就有200多个；1724年的《清直省分图》之《天下总舆图》，1817年的《大清一统天下图》，都是中国对南海诸岛及其附近海域拥有主权的历史证明。唐宋以来，中国人分别将西沙和南沙群岛命名为“九乳螺洲”“石塘”“长沙”“千里长沙”“万里石塘”等。18世纪初出现于海南岛渔民中的《更路簿》记载了很多南沙岛礁的名称，如称西沙群岛的永兴岛为巴峙，珊瑚岛为老粗峙，甘泉岛为园峙，中建岛为半路峙，南沙群岛的太平岛为黄山马峙，南威岛为鸟仔峙。这些岛屿名称有的还为国外记载所沿用，如 19 世纪英国的航海图称鸿庥岛为 Namyit，景宏岛为 Sin Cowe，都是从“南乙”“秤钩”音译过去的。

中国对南海诸岛的最早开发利用主要是渔业活动。东汉杨孚的《异物志》就记载南海诸岛产有海龟和玳瑁，晋代裴渊的《广州记》有中国人在南海捕鱼的记述。明清时期，海南岛渔民赴西沙和南沙捕鱼的活动日益频繁。《更路簿》记载了海南岛渔民从文昌县的清澜港和琼海县的潭门镇到达各岛的航路更数和罗盘方位、各岛的地理情况及作业技巧等。

中国很早就对南海诸岛实施了有效的行政管辖。除在地图上加以标注列入版图外，还派遣水师巡视、进行天文测量、救济遇难船只、抗议他国在南海的测量和侵略活动等。中国派遣水师巡视西沙最早始于宋朝，宋仁宗时期的《武经总要》记载：“命王师出戍，置巡海水师营垒……从屯门山用东风西南行，七日至九乳螺洲。”“九乳螺洲”就是今天的西沙群岛。1279 年，元世祖忽必烈派天文学家郭守敬进行四海测量，“四海测影之所，凡二十有七”，“南逾朱崖”，即到了海南岛以南的地方。有的史料称其测量地点在今天的西沙群岛，有的说是在中沙的黄岩岛。外国船只在南海遇难，中国地方政府负责对其救助和遣返，对他国的非法测量进行抗议，这些都是现代国际法意义上行使主权的行为。

中华民国政府和中华人民共和国政府继承了历代政府对南海诸岛的主权。南海断续线（当时是十一段线）就是由中华民国政府于 1948 年正式公布的。中华人民共和国成立后，南海诸岛先后隶属广东省和海南省管辖。2012 年 7 月，管辖西沙、南沙和中沙群岛的三沙市正式成立。中国对南海的主权是基于“历史性权利”，而越南历届政府在 1974 年以前，从未对中国西沙群岛的主权提出过任何异议。据国际法“禁止反言”的原则，越南政府的立场站不住脚。菲律宾根据《联合国海洋法公约》（简称《公约》）声称对位于其专属经济区内的岛礁拥有主权，违反了“陆地支配海洋”的国际法原则，至于其“地理邻近”“国家安全”

等理由更是荒诞不经。还有人认为南海断续线主张范围过广，违反了《公约》。这种看法不仅对中国的主张理解不准确，而且对《公约》的解读很片面。中国政府从未宣称对整个南海拥有主权，主权所及只是所有岛礁及其附近海域，附近海域范围多广要看对南海断续线如何理解。目前国内对南海断续线至少存在四种理解，即“传统海疆线”“岛礁归属线”“历史性水域线”“历史性权利线”。权利范围最广的是“传统海疆线”，即线内岛、礁、沙、滩及海域都是中国领土，线外则为他国所有或是公海；权利范围最小的是“岛礁归属线”，即中国享有线内所有岛、礁、沙、滩的主权，海域范围则可根据《公约》来划定领海、毗连区、专属经济区和大陆架等。《公约》是承认“历史性水域”和“历史性权利”的。《公约》关于海湾部分提到了“历史性海湾”的概念，这一基本精神可延伸到其他水域。1993 年，台湾当局将南海断续线定义为“历史性水域线”。南海断续线早于《公约》几十年，而且《公约》主要是为未定海域划界提供依据，并不能改变既定的“历史性权利”格局。

(二)“搁置争议、共同开发”是中国政府的一贯政策

这一政策由邓小平于 20 世纪 80 年代提出，一般称为“搁置争议、共同开发”，其实还有“主权属我”的前提。1986 年，邓小平对菲律宾副总统劳雷尔表示，南沙问题可以先搁置一下，可以先放一放，我们不会让这个问题妨碍与菲律宾和其他国家的友好关系。1988 年，菲律宾总统阿基诺访华，邓小平再次表示，从两国友好关系出发，这个问题可先搁置一下，采取共同开发的办法。搁置争议并非放弃主权，而是先放一放争议，通过共同开发累积互信，为最终解决创造条件。这是从大局出发的务实之策，若他国能积极响应，今天的南海形势将大为不同。但现实是，其他声索国在南海大量单独开发，或者以极其优惠的条件与外国油气公司合作开发，不愿意响应中国的号召。也有人认为中国的“共同开发”主张本身不错，但是缺乏具体可行的操作方案，比如在什么地方以什么样的方式来开发等。但如果其他国家真有“共同开发”的政治意愿，这些技术性问题不可能成为障碍。中国也曾为推动“搁置争议、共

同开发”做了很多工作，如2005年和菲律宾、越南签署了《在南中国海协议区三方联合海洋地震工作协议》，共同勘探协议区域的石油储量。这一举措可视作共同开发的前奏，但后来因为菲律宾国内原因而遭到搁置。经过几十年的发展，中国的开发步伐最为落后。目前中国也已启动“单独开发”，希望借此带动“共同开发”，并不意味着放弃了“共同开发”的基本政策。

（三）以“双轨思路”来解决南海问题

在2014年8月召开的中国-东盟外长会上，王毅外长倡导以“双轨思路”来解决南海问题，即有关争议由直接当事国通过友好协商谈判寻求和平解决，而南海的和平与稳定则由中国与东盟国家共同维护。这一思路将海洋争端和其他议题隔离开来，为管控矛盾、开展合作提供了新的契机。尽管在此前的实践中中国也是这么做的，但这次在公开场合进行系统阐述，充分表明了中国既坚持原则又灵活务实。

在解决争端方面，中国历来坚持由直接当事国谈判解决，而不认为国际司法和仲裁是有效的解决方式。在外交部2014年12月7日发布的《中华人民共和国政府关于菲律宾共和国所提南海仲裁案管辖权问题的立场文件》中，对菲方所提仲裁案的来龙去脉以及中国的立场和考虑进行了充分系统的说明，对国际上一些混淆是非的言论起到了纠偏矫正作用。中国采取这一立场既是包括《联合国海洋法公约》在内的国际法赋予一个主权国家的正当权利，也是基于新中国成立后同周边邻国解决边界问题的成功经验而做出的智慧选择。

东盟并非南海争端的直接当事方，但是维护南海地区的和平稳定，东盟不仅责无旁贷，而且其作用不可或缺。东盟的非声索国既不愿被南海问题绑架，也不愿看到南海争端导致地区不稳定。这与中国历来欢迎而不是排斥东盟以及其他非声索国发挥积极作用是一致的。2002年，中国同东盟10国签署《南海各方行为宣言》（简称《宣言》），致力于管控分歧维护稳定，后又围绕全面有效落实《宣言》和早日签署“南海各方行为准则”而进行了多轮磋商。

（四）以和平方式解决南海争端

以和平方式解决争端是联合国宪章和当代国际法的基本准则，也是中国和平外交的本质要求。中国历来主张通过和平方式来解决争端，从新中国成立后与周边陆上邻国解决边界问题的成功经验可以看出，中国也是践行了这一原则的。和平解决争端有双边谈判、国际司法和国际仲裁等几种方式，中国政府倾向于通过双边谈判来解决争端，认为这是一种最有效率最易于执行的方式。即使在海域划界方面，中国也有和越南进行北部湾划界的成功先例。中国对菲律宾南海仲裁案采取“不参与”“不接受”的立场，外界有人怀疑中国不再坚持以和平方式解决争端而是诉诸实力，这其实是对中国立场的误解。中国原则上并不反对国际司法和国际仲裁本身作为争端解决方式的有效性，但具体到菲律宾南海仲裁案，是菲律宾包装并伪造了诉因，将本质上属于领土主权和海洋划界的问题提交给仲裁庭，滥用了《公约》所规定的“强制争端解决机制”；仲裁庭无视中国于 2006 年做出的排除性声明而推进仲裁属于越权行为，因此，中国不参与不接受仲裁同样符合国际法精神。至于中国开展的岛礁建设以及部署必要的国土防卫设施，与所谓的“军事化”根本不是一回事，更不意味着中国“用实力改变现状”，也不存在以实力为后盾而胁迫别国的情况。和平解决南海争端是中国的一贯政策，今后仍将坚持下去。

（五）中国历来积极参与南海合作

长期以来，中国一直是南海合作的积极参与者和推动者，因为合作符合各方利益，而且在合作过程中能够累积互信，为最终解决争端创造条件。

在联合搜救、反恐、打击跨国犯罪、人道主义救援等非传统安全领域，中国积极参与各种双边和多边合作。中国提出与东盟各国打造海上互联互通，设立中国-东盟海上合作基金。2012 年 1 月，中国发布了《南海及其周边海洋国际合作框架计划（2011—2015）》。2013 年，中国提出要与东盟国家共建“命运共同体”和建设“21 世纪海上丝绸之路”等倡议，获得东盟国家积极响应。同时，中国正寻求“海上丝绸之路”倡议与东盟国家自身发展战略的对接，如与越南的“两廊一圈”计划及印尼的“全球海洋支点”战略高度契合。

在保证航行自由和航行安全方面，中国也积极参与国际合作，如参加了《亚洲地区打击海盗和武装劫船合作协定》（ReCAAP），同东盟以及其他国家一道维护马六甲海峡等重要海域的安全等。中国从来没有今后也不会妨碍南海的航行自由，国际上关于中国破坏南海航行自由的言论是没有根据的。中国抵制他国舰船和飞机对中国进行“抵近侦察”的行为是《联合国海洋法公约》赋予沿岸国的权利，和所谓的“破坏航行自由”根本不是一回事。为保证航行安全，防止发生意外事件，在 2014 年 4 月于青岛举行的“西太平洋海军论坛”上，中国还主导促成了《海上意外相遇规则》（CUES）的通过，这为保证包括南海在内的海上安全做出了贡献。2016 年 9 月 7 日，在老挝举行的第 19 次中国-东盟领导人会议上，中国和东盟国家领导人审议通过了《中国与东盟国家关于在南海适用〈海上意外相遇规则〉的联合声明》。

三、南海形势的新发展

近年来，南海形势大体上渐趋缓和，但仍有杂音干扰。自 2010 年南海问题被炒热以来，有关声索国和域外国家相互配合，在南海岛礁归属、海洋权益、航行自由等方面形成合力向中国施压，中国成为各种矛盾的焦点。以 2016 年南海仲裁案结果公布为节点，这种紧张达到高峰。围绕仲裁案，各方在外交、法理和舆论层面展开了激烈斗争。但这种充满火药味的局面没有持续多久，南海的局势开始趋稳向好发展。南海仲裁案固然是中菲矛盾的高峰，但结果公布也极大释放了紧张压力，各方据以向中国施压的各种“有利”条件也开始“利好出尽”。随着中菲关系的大幅改善，中越关系的稳步发展，南海紧张局势逐渐降温。尤其是中国和东盟就南海合作和行为准则磋商取得了重大进展，这压缩了域外国家在双方之间挑拨离间的空间，是南海局势趋稳向好的基本前提。不过，尽管目前南海局势相对平静，但仍存在不确定因素。美国总统特朗普上台后，南海问题在其外交政策中的优先度相对后退，但随着其推动“印太战略”及中美关系紧张，南海作为牵制中国重要抓手的地位仍将上升，中美围绕南海的博弈有可能加剧。其他声索国国内的反华势力仍有影响，在特定条件下会提高反华声音，推动政府在一些问题上搞小动作，谋取现实利益。

（一）南海形势明显趋稳向好，进入对话与合作的良性互动阶段

首先，中菲关系实现华丽转身，这是南海形势趋缓的直接推动因素。菲律宾总统杜特尔特上台以后，着手调整其前任阿基诺三世“亲美反华、挟美制华”的立场，开始同中国改善关系。2016 年 10 月 18 日至 21 日，菲律宾总统杜特尔特率领庞大代表团对中国进行国事访问。这是 2011 年以来菲律宾领导人对中国的首次国事访问，也是杜特尔特就任总统后首次对东盟以外国家的访问，尤其发生在中菲南海仲裁案结果公布后，引起各界关注。习近平主席在同杜特尔特总统会谈中提到发展中菲关系的“三个坚持”，即坚持睦邻友好合作、坚持妥善处理分歧、坚持携手共同发展，并提出加强政治互信、开展务实合作、推动民间往来、加强地区和多边事务合作的四点建议，得到杜特尔特总统的热烈回应。双方同意全面对接两国发展战略，推动“一带一路”倡议在菲律宾落地，扩大经贸投资合作，加强双方在铁路、城市轨道交通、公路、港口等基础设施建设领域的合作。中菲还同意妥善处理南海问题，通过双边协商解决分歧。这次访问标志着中菲关系得到全面改善，重新回到正常轨道。同年 11 月 19 日，习近平主席在秘鲁出席 APEC 会议期间同菲律宾总统杜特尔特再次会面。双方确保中菲关系沿着正确方向稳步向前，坚持友好合作，坚持妥善处理分歧，坚持共同发展，使中菲睦邻友好合作关系行稳致远。在 2017 年，中菲关系继续沿着友好合作的轨道前进。2017 年 1 月，中菲两国外交部决定建立南海问题双边磋商机制，并就其

《职责范围》初步达成一致。5月19日，中国-菲律宾南海问题双边磋商机制第一次会议在贵阳市举行，双方签署了《职责范围》文件，同意将该机制作为双方建立信任措施和促进海上合作与海上安全的平台，每6个月在两国交替举行会议，第二次会议于2018年2月在北京召开。中菲渔业合作也取得进展，2017年4月26日，第二次中菲渔业联委会在菲律宾马尼拉召开，会议就双方国内渔业发展重点和管理政策进行了交流，讨论了中菲渔业合作重点领域、基本原则和政府支持措施，对2017—2019年中菲渔业合作项目建议等进行了友好协商，并就开展中菲渔业技术培训交流、支持中菲渔业企业间合作、发展海水养殖和水产品加工等达成初步共识。2017年11月，李克强总理访问菲律宾，双方进一步确认了海上合作成果，并同意在海洋环保、减灾等领域加强合作，包括进一步探讨在海洋科考、海洋油气勘探和开发等领域的合作方式。

其次，中越关系稳定发展，南海争端得到有效管控。越共十二大后，越南外交政策更趋稳健，改善并发展中越关系成为新一届政府的重要任务之一。2016年9月12日至15日，越南总理阮春福访华。这是2016年年初越共十二大换届以来，越南政府高级领导人首次访华。中越发表了联合公报，签署了6个合作文件。双方表示要发展中越传统友谊，加紧推进“一带一路”和“两廊一圈”发展战略对接，打造产能合作新平台，促进基础设施重点合作项目和跨境经济合作区建设。双方都认为，南海问题是双边关系中的唯一问题，应该妥善管控分歧，搁置争议。进入2017年，中越关系更加稳步向前，陈大光主席于5月到北京参加“一带一路”高层峰会，习近平主席更是在十九大后将越南作为首个出访国家。习近平主席在越南同越共中央总书记阮富仲见面时提出，双方应推进海上合作，落实已经达成的共识，以双边协商为正确途径，以合作开发为共同目标，妥善处理并管控好海上分歧，逐步积累共识，扩大共同利益。这种良性互动的双边关系对管控海上分歧发挥了重要作用，自从2014年中越围绕“981”钻井平台发生海上争端以来，双方未再产生大的争端。另外，双方在北部湾湾口外的联合考察也取得很大进展。中越于 2012 年成立了北部湾湾口外海域工作组，经过多次磋商，双方于 2015 年 12 月 19 日正式启动中越北部湾湾口外海域共同考察海上作业，2016 年 4 月 23 日顺利完成任务。双方承诺，今后将在《关于指导解决中越海上问题基本原则协议》精神指导下，做好北部湾湾口外海域共同考察后续工作，稳步推进北部湾湾口外海域划界谈判并积极推进该海域的共同开发，继续推进海上共同开发磋商工作组工作，有效落实商定的海上低敏感领域合作项目。双方高度评价北部湾渔业资源增殖放流与养护项目。

最后，中国-东盟在“南海行为准则”（以下简称“准则”）磋商和海上合作方面取得重大进展。

过去几年，中国在推动与东盟全面有效落实《南海各方行为宣言》（DOC，以下简称《宣言》）基础上，积极参与“准则”磋商，经过长期沟通和充分准备，终于在 2017 年取得重大进展。2016 年 4 月 27 日，中国与东盟国家在新加坡举行落实《宣言》第 11 次高官会，各方同意继续全面有效落实《宣言》，深化海上务实合作，讨论通过了 2016—2017 年落实《宣言》工作计划，表示将尽早建立航行安全与搜救、海洋科研与环保、打击海上跨国犯罪三个技术合作委员会，并同意在 7 月举行的中国-东盟外长会上发表全面有效落实《宣言》的联合声明。同意加快推进“准则”磋商进程，继续丰富完善“重要和复杂问题”清单以及框架草案要素清单，决定尽快成立名人专家小组。落实早期收获成果，建立“中国和东盟国家应对海上紧急事态外交高官热线平台”“中国和东盟国家海上搜救热线平台”等。6 月 9 日，落实《宣言》第 12 次高官会在越南举行，各方同意加强海上务实合作，加快“准则”磋商进程。7 月 25 日，中国-东盟外长会在老挝万象举行，就全面有效落实《宣言》发表联合声明，重申《宣言》在维护地区和平稳定中发挥的重要作用，愿全面有效完整落实《宣言》，并在协商一致基础上实质性推动早日达成“准则”。8 月 15 日至 16 日，落实《宣言》第 13 次高官会和第 18 次联合工作组会在内蒙古满洲里举行。各方表示，将以《中国和东盟国家外交部长关于全面有效落实〈南海各方行为宣言〉联合声明》为指导，妥善管控分歧，深化务实合作，加快“准则”磋商进程，审议通过了《中国与东盟国家应对海上紧急事态外交高官热线平台指导方针》和《中国与东盟国家关于在南海适用〈海上意外相遇规则〉的联合声明》两份成果文件。这些工作为 9 月 7 日在老挝万象举行的中国-东盟领导人会议做了很好的铺垫。在会议上李克强总理充分阐释了中国的南海立场，表示中方愿与东盟国家携手合作，按照《宣言》精神和“双轨思路”妥善处理南海问题。2017 年 5 月，在贵阳举行的落实《宣言》第 14 次高官会上，双方就“准则”框架达成协议。8 月，在菲律宾举行的东盟系列外长会上，中方对推进“准则”磋商提出了“三步走”设想。第一步，11 国外长共同确认“准则”框架，并宣布在完成必要准备工作后，于年内适时启动下一步实质磋商。第二步，在 8 月底落实《宣言》联合工作组会上探讨“准则”磋商的思路、原则和推进计划。第三步，准备工作基本完成后，在没有外界重大干扰和南海形势基本稳定前提下，由中国和东盟国家领导人在 11 月中国-东盟领导人会议上正式宣布启动“准则”下一步案文磋商。在 11 月的中国-东盟领导人会议上，双方同意启动“准则”案文磋商。“准则”磋商的重大进展体现了双方管控海上分歧、维护地区稳定的诚意，加强了双方互信，东盟外长会和领导人会议联合声明中关于南海的表述也比以前更加温和。2018 年 8 月 2 日，“准则”单一磋商文本草案形成。

中国继续坚持处理南海问题的“双轨思路”，主张“准则”磋商和海上务实合作两个轮子同步运转。2017 年 3 月 25 日，中国南海研究院承办的博鳌亚洲论坛 2017 年年会南海分论坛在海南博鳌开幕。外交部副部长刘振民出席开幕式并发表题为《稳步推进南海沿岸国合作》的主旨演讲，呼吁双方在防灾减灾、海上搜救、保护海洋环境和海洋生物多样性、海洋科学研究、海上航行安全等领域进行具体的、务实的、机制化的合作。10 月 31 日，为落实《宣言》，中国-东盟国家在广东湛江海域举行史上规模最大的海上联合搜救实船演练。2018 年 10 月，双方举行了海上联合军事演习。

2017 年 10 月 31 日，中国-东盟国家海上联合搜救实船演练成功举行

（二）南海表面平静，但仍暗流涌动

首先是美日等域外国家继续介入南海，将其作为牵制中国的抓手。南海问题过去几年之所以被炒热，离不开美日等域外国家的推波助澜。在奥巴马时期，美国推行“亚太再平衡”政策，积极支持菲律宾、越南等声索国在南海问题上示强，南海紧张有利于美国加强对盟友和伙伴的影响力，为美国在本地区的存在提供借口。特朗普上台后，不再提及“亚太再平衡”政策，而是另起炉灶推行“印太战略”，从其基本内容和所要达到的目标来看，仍然没有偏离美国传统亚太政策的基本轨道，就是牵制和防范中国，继续维持其在亚太地区的主导地位。在特朗普的亚太战略中，南海问题的优先度有所下降，一是因为特朗普有更急迫的问题需要处理，二是因为特朗普希望中国在朝核问题上保持合作而不愿意在南海问题上过于刺激中国。尽管如此，但这并不意味着中美的南海博弈就改变了性质，只不过是暂时处于隐性状态，一待条件改变仍有可能再次突显出来。实际上，特朗普上台后也进行了若干次“航行自由行动”，首次行动是于 2017 年 5 月 25 日派遣导弹驱逐舰“杜威”号闯入南海美济礁邻近海域。随后美国又进行了多次“航行自由行动”，主要有：2017 年 7 月 2 日，美国海军“斯坦塞姆”号驱逐舰闯入西沙群岛中建岛

12 海里；8 月 10 日，美军“麦凯恩”号导弹驱逐舰闯入南沙群岛有关岛礁邻近海域；2018 年 1 月 17 日，美国海军“霍珀”号导弹驱逐舰闯入黄岩岛 12 海里内海域；3 月 23 日，美军“马斯廷”号导弹驱逐舰闯入中国南海有关岛礁邻近海域；5 月 27 日，美国海军“安提坦”号宙斯盾导弹巡洋舰和“希金斯”号宙斯盾导弹驱逐舰闯入西沙群岛领海。

在派军舰游弋南海的同时，大肆炒作南海“军事化”是美国常打的另一张牌。中国的岛礁建设本来属于主权范围内的合理合法合情之举，但外界尤其是美日等域外国家一直对此过度解读和过度反应，极力渲染中国威胁，将合理的岛礁建设看作是“改变现状”，并炒作“军事化”话题，指责中国在破坏地区稳定。美国国防部长马蒂斯在 2018 年 6 月举行的香格里拉会议上再次提及南海的“军事化”问题，批评中国破坏了南海的“航行自由”。

日本是积极介入南海问题的另一个域外大国。多年来，日本通过向菲律宾、越南提供巡逻船等武器装备，增强这些国家的海上力量建设，同时加强防务政策沟通，深入开展防务合作。在日本看来，介入南海问题，一方面可以减轻日本在东海方向面临的压力，另一方面通过南海争端可以有效牵制中国崛起。尽管从 2017 年以来中日关系一直处于改善状态，但是日本在南海的这种战略需求没有改变。2018 年 5 月，越南国家主席陈大光访日，日越重申要加强海上合作，共同维护南海和平、安全和航行飞越自由，并督促早日达成具有法律约束力的“南海行为准则”。

最近，域外国家介入南海问题比较明显的一个动向是澳大利亚和欧盟国家表现积极。澳大利亚积极追随美国，在南海问题上多次指责中国破坏现状，相继在 2016 年和 2017 年东盟系列外长会期间与美日举行三边外长会，呼吁中国遵守菲律宾仲裁案裁决结果。各种保守反华声音充斥澳大利亚国内战略界和媒体。欧盟历来在南海问题上相对超脱，但是最近为增强存在感，表示积极介入南海。在 2018 年 6 月举行的香格里拉会议上，英法国防部长宣布将要派军舰到南海参加“航行自由行动”。

其次是菲越等声索国国内政治仍有不确定性。最近两年，中菲和中越关系总体稳定向好，但是其国内政治中的反华势力仍有较大影响力，仍会不时发出不和谐声音。中菲关系的改善主要是因为杜特尔特总统的政策调整，甚至出于他个人特立独行的执政风格，菲国内政治中的对华强硬势力仍然存在。如果将来发生政局变动，对华强硬派上台执政，中菲关系会受到影响，两国目前在南海问题上的良好合作态势也有可能逆转。越南国内反华势力仍然很强，尤其在民间社会。2018 年 6 月，越南各地爆发反华游行，其原因是越南国会拟通过“特区经济法”，将特区土地的使用年限最长延至 99 年。这本来是越南内政问题，与中国毫无关系，但中国却成了反华势力的矛头所向。随着中国与东南亚其他国家经济关系的深入发展，这些国家在倚重中国的同时，也担心过于依赖中国，一定程度上“中国威胁论”仍有市场。如果其他域外势力进行挑拨，中国将会成为各种反华势力攻击的焦点，煽动南海争端仍然是一个有用的杀手锏。

最后，中国-东盟的“准则”磋商有可能遇到困难。双方目前为止取得的进展对稳定双边关系和南海稳定发挥了重要作用，但也应注意到，“框架草案”只是“准则”磋商中重要的阶段性进展，而案文磋商才是真正的考验。在“准则”的适用地理范围、各国在岛礁上的行为应受到何种限制、争议海域的执法问题、“准则”是否具有强制约束力、今后是否开放签署等敏感问题上，双方立场仍有不小差距。如果“准则”磋商进展不顺，东盟对中国的不满或将上升，将会破坏双方信任，对南海稳定产生负面影响。

Opinion of China in the New Era

钓鱼岛问题降温

钓鱼岛问题降温

中国国际问题研究院　曹　群

钓鱼岛及其附属岛屿（以下简称钓鱼岛）是中国的固有领土，中国最早发现、命名和利用钓鱼岛，对钓鱼岛之主权主张在历史和法理上都有充分依据。20 世纪 70 年代，中日邦交正常化谈判和缔结和平友好条约时，两国老一辈领导人从中日关系大局出发，就“把钓鱼岛问题放一放，留待以后解决”达成重要谅解和共识[①]。但是，日方自 2012 年推进钓鱼岛“国有化”以来的所作所为严重破坏了“搁置争议”共识，从而导致中日关系陷入低谷，两国关系持续面临严重困难局面。近年来，中国政府从发展长远的中日友好关系出发，在坚持一贯立场的前提下，外交上进行诸多努力。中日关系虽有逐渐走出低谷的回暖迹象，钓鱼岛问题有一定程度降温，东海紧张局势亦趋缓，但仍要警惕，严防出现“倒春寒”，尤其是日方要与中方保持相向而行，在钓鱼岛问题、台湾问题、历史问题等一系列重大问题上谨言慎行，方有望令中日关系持续稳定向好发展。

一、中国的外交努力

近两年对中日关系而言是回顾历史、思考未来的重要年份：2017 年是中日邦交正常化 45 周年，2018 年是《中日和平友好条约》缔结 40 周年。中日如何抓住两国关系的改善势头，在务实合作领域进一步取得明显而具体的成效，应是双方共同努力的方向和重点。2014 年 11 月中日达成四点原则共识后[②]，双方按照四点原则共识的精神推进两国关系逐

---

① 2013 年 6 月 4 日外交部发言人洪磊主持例行记者会.（2013-06-04）. http://www.fmprc.gov.cn/web/fyrbt_673021/jzhsl_673025/t1047084.shtml.

② 2014 年 11 月 7 日，国务委员杨洁篪在钓鱼台国宾馆同来访的日本国家安全保障局长谷内正太郎举行会谈，双方就处理和改善中日关系达成以下四点原则共识：一、双方确认将遵守中日四个政治文件的各项原则和精神，继续发展中日战略互惠关系。二、双方本着“正视历史、面向未来”的精神，就克服影响两国关系政治障碍达成一些共识。三、双方认识到围绕钓鱼岛等东海海域近年来出现的紧张局势存在不同主张，同意通过对话磋商防止局势恶化，建立危机管控机制，避免发生不测事态。四、双方同意利用各种多双边渠道逐步重启政治、外交和安全对话，努力构建政治互信。参见：中日就处理和改善中日关系达成四点原则共识.（2014-11-07）. http://www.chinanews.com/gn/2014/11-07/6761625.shtml.

步进入改善的轨道，开始有了很多正面的积极互动[①]。尤其自2016年下半年以来，中方立足地区大局和两国关系长远发展，积极与日方进行各层级沟通，努力塑造中日关系友好合作、互利共赢的新格局，推动两国关系不断向前发展。

党的十九大报告指出，中国将高举和平、发展、合作、共赢的旗帜，恪守维护世界和平、促进共同发展的外交政策宗旨，坚定不移在和平共处五项原则基础上发展同各国的友好合作，推动建设相互尊重、公平正义、合作共赢的新型国际关系。中日关系的改善有利于地区稳定发展，也符合两国发展的共同利益，中国领导人对此历来重视。2016年9月5日，中国国家主席习近平在杭州会见来华出席G20峰会的日本首相安倍晋三时指出，中日互为重要近邻，两国关系长期健康稳定发展，符合两国人民利益，也有利于地区和平稳定。当前，中日关系仍然不时受到复杂因素干扰。双方应该排除干扰，推动中日关系早日回到正常发展轨道。中日双方应该根据四点原则共识精神，通过对话磋商加强沟通，妥善处理东海问题，共同维护东海和平稳定。日方在南海问题上要谨言慎行，避免对中日关系改善造成干扰[②]。2017年7月8日，在汉堡G20峰会上，习近平应约会见安倍晋三。习近平指出，在新的历史时期，双方应该审时度势，立足大局和长远，既在战略上把准和平、友好、合作大方向，又在行动上作出扎扎实实努力。希望日方把改善中日关系的意愿更多体现在政策和行动当中。中日双方先后达成四个政治文件和四点原则共识，就妥善处理历史、台湾等问题确立了原则。在这些涉及两国关系政治基础的重大问题上，不能打任何折扣，更不能有一丝倒退。只有这样，中日关系才能不偏离轨道，不放慢速度。希望日方重信守诺，按规矩办事[③]。2017年11月11日，在越南岘港举行的亚太经合组织领

---

① 驻日本大使程永华接受中国新闻社和《东方新报》联合专访.（2017-10-10）. http://www.fmprc.gov.cn/web/dszlsjt_673036/t1500461.shtml.

② 习近平会见日本首相安倍晋三.（2016-09-05）. http://www.xinhuanet.com/world/2016-09/05/c_1119515029.htm.

③ 习近平会见日本首相安倍晋三.（2017-07-09）. http://politics.people.com.cn/n1/2017/0709/c1001-29392137.html.

导人非正式会议期间，习近平再次会见安倍晋三。习近平指出，互利合作是中日关系向前发展的动力。新形势下，双方应该提升双边务实合作水平，积极推进区域经济一体化，推动“一带一路”框架内合作尽早落地。双方应该继续在文化、媒体、青少年等领域加强交流，利用两国相继举办奥运会的机会开展奥运合作，增强两国关系发展的民意纽带。安倍晋三表示，祝贺中共十九大成功召开，祝贺习近平主席再次当选中共中央总书记。日方希望同中方加强高层交往，开展互惠共赢的经贸合作，积极探讨在互联互通和“一带一路”框架内合作。深化旅游、文化、青少年等交流。日中将分别于 2020 年和 2022 年相继举办夏季奥运会、冬季奥运会，日方愿就此同中方开展交流合作①。

继与习主席越南会晤之后，2017 年 11 月 13 日，安倍晋三与中国国务院总理李克强在菲律宾马尼拉举行会谈，双方表达了进一步改善两国关系的共同愿望，日方希望尽早召开由其担任主席国的中日韩三国首脑会谈。日媒表示，安倍前所未有地在如此短的时间内与中国领导人接连举行会谈实属罕见，日方希望为实现 2018 年安倍与习近平互访的构想而创造环境②。

2018 年 1 月 28 日，外交部长王毅在北京与到访的日本外相河野太郎举行会谈。王毅指出，中方重视日方近期在对华关系上所做积极表态，特别是注意到安倍首相在国会演说中将改善对华关系作为下步重要施政课题。希望日方不松劲，不后退，把口头表态转化为实实在在的行动，与中方共同努力，相向而行，推动两国关系尽早回到正常和健康发展的轨道③。双方还商定力争早日签署适用于两国防务部门间的“海空联络机制”，以避免东海偶发冲突。尽管中日在东海钓鱼岛问题上存在严重的对立和分歧，但两国有进一步管控分歧和危机的意愿，若可取得

① 习近平会见日本首相安倍晋三.（2017－11－12）. http://politics. people. com. cn/n1/2017/1112/c1001－29640502. html.

② 外媒称中日中韩关系显现回暖迹象：双边会晤频密.（2017－11－14）. http://www. gov. cn/xinwen/2017－11/14/content_5239592. htm.

③ 王毅. 希望日方不松劲 与中方共推中日关系重回正轨.（2018－01－28）. http://www. chinanews. com/gn/2018/01－28/8435063. shtml.

实质性的进展，无疑将是稳固中日关系的重要基础。3 月 20 日，李克强在中外媒体记者会上表示："我愿意在中日关系持续改善势头的氛围中，积极考虑今年上半年结合出席中日韩领导人会议正式访问日本。"李克强同时强调，更重要的是要夯实中日关系的基础，不能搞"一锤子买卖"，要让中日关系持续向好。如果说两国关系现在出现了"小阳春"，要防止"倒春寒"，要让中日关系向着持续稳定的方向发展。"我们对日方有期待。"①

2018 年 4 月 15 日至 17 日，国务委员兼外交部长王毅应邀对日本进行正式访问，与日本外相河野太郎主持召开第四次中日经济高层对话，并同安倍首相会见深入交换了意见。安倍重申对"一带一路"建设的积极态度，中方向日方介绍了"一带一路"建设所取得的进展，并就日方以适当的方式参与"一带一路"建设进行了详细的讨论。王毅强调："中日关系的改善应该成为维护我们这个地区和平稳定大局的一个重要组成部分。双方应从这样的一个宽广的视角和长远的眼光看待和推进中日关系的改善。当然，为了实现这一目标，必须要恪守中日四个政治文件所确定的各项原则，维护好两国关系的政治基础，尤其是要妥善处理可能影响或干扰中日关系改善进程的各种问题。比如说历史问题，还有涉及台湾的问题等。这方面曾经有过不少经验教训，我们不希望双方改善关系的努力再次被打断。"② 4 月 19 日至 20 日，第九轮中日海洋事务高级别磋商在日本仙台举行。中国外交部、中央外办、国防部、公安部、自然资源部、生态环境部、交通运输部、农业农村部、中国海警局、中国地质调查局等部门及日本外务省、内阁府、水产厅、资源能源厅、国土交通省、海上保安厅、环境省、文部科学省和防卫省分别派人参加。双方举行了磋商机制全体会议和机制下设的政治与法律、海上防务、海上执法与安全、海洋经济四个工作组会议，就东海相关问题交换

---

① 日方力促日中高层实现频繁互动 期待中日关系回暖. (2018－03－23). http://world.huanqiu.com/exclusive/2018-03/11683788.html.

② 王毅. 若中日关系持续改善，李克强总理可能正式访日. (2018－04－17). https://www.thepaper.cn/newsDetail_forward_2080676.

意见，并探讨了开展海上合作的方式①。

二、东海局势趋缓

近年来，日本一方面在钓鱼岛问题上加大对内、对外宣传和炒作力度，另一方面则利用所谓“中国威胁论”接连突破战后“专守防卫”安保政策禁区，进一步深化美日同盟以实现“无缝”合作，并系统地增强“西南防御”以加强对钓鱼岛的“实际管控”。然而，日方所作所为丝毫改变不了钓鱼岛属于中国的客观事实，中方维护钓鱼岛领土主权的决心坚定不移。未来很长一段时期，中日双方在钓鱼岛问题上的“明争暗斗”不会结束，而且形式也许会更加多样化，但建立“海空联络机制”无疑有利于预防和管控危机，在一定程度上可避免事态失控。当下，中日关系进一步向好发展的势头较足，在钓鱼岛对立常态化和危机管控机制有望启用的大背景下，相对此前而言，东海局势趋缓。

（一）钓鱼岛对立常态化

自“购岛”闹剧问世以来，日本政府在对华政策上一直保持极不健康的心态，至今仍未摆脱视中国为最大威胁并加以制衡的旧式冷战思维，除在钓鱼岛主权争议等东海问题上与中国继续对立外，还刻意在其他地区及各领域问题上与中国较劲，妄图拉帮结派以强化对华牵制。日本表露出一副要与中国全面长期对抗的态势，在国际经济合作上力推“亚非经济增长走廊”针对“一带一路”，在地区安全上则继续拉拢南海周边东盟国家，为提升其海上警备能力建设，海保厅甚至设立专职部门以强化对其援助，并积极向其普及“海上执法”教育。相较于以上对华战略“大围堵”而言，日本在钓鱼岛问题上多采取“小动作”，逐步推展其保卫“日本固有领土”的文宣武备。

---

① 中日举行第九轮海洋事务高级别磋商.（2018－04－20）. http://www.xinhuanet.com/world/2018-04/20/c_1122714801.htm.

首先，日本进一步加强有关钓鱼岛归属的内外宣传。2017 年 2 月 14 日，日本文部科学省 14 日公布了中小学新版“学习指导要领”草案，首次明确要求在中小学社会课程中提出钓鱼岛是日“固有领土”。2018 年 1 月 25 日，日本政府在东京千代田区市政会馆内正式开设“领土・主权展示馆”，面向国内外宣传日本对钓鱼岛的所谓“领土”主张。3 月 30 日，日本文部科学省公布了修订后的高中“学习指导纲要”，要求在高中教育中加入钓鱼岛是日本“固有领土”、不存在领土争议等内容。

其次，日本大力渲染“中国威胁论”，进一步强化有关“离岛”防卫能力建设。2017 年 8 月 8 日，日本内阁会议批准 2017 年版《防卫白皮书》，再次借助海洋安全问题鼓吹“中国威胁论”，对中国海军的例行训练、海警船巡航钓鱼岛海域、在南沙群岛部署国土防卫设施等正当行为肆意歪曲，渲染日本安全保障环境日趋严峻，为安倍政府延续扩张性防卫政策背书①。在渲染别国“威胁”的同时，日本的军费却在不断扩张，在强化防卫力量方面动作频频。2012 年安倍上台后，日本防卫经费连续 5 年增长，2016 年首次超过 5 万亿日元大关，2017 年达到 5.125 万亿日元，而 2018 年预算增加到破纪录的约 5.2 万亿日元（约 3 060 亿人民币），并重点要加强弹道导弹和南西诸岛的防御②。2017 年 3 月 27 日，日本水陆机动团教育队成立，将参照美国海军陆战队建立水陆机动团，此举意味着该部队“正式成军进入最后阶段”。有日本右翼媒体称，日本将全力针对“海洋活动日益积极化的中国”，展开“离岛防卫”，组建水陆机动团正是为了对抗中国，确保钓鱼岛实际控制权③。2018 年 3 月 27 日，负责日本陆上自卫队部队统一运用的陆上总队和防卫离岛的专门部队水陆机动团正式成立。据报道，水陆机动团以长崎县佐世保市

① 日本新版《防卫白皮书》再次鼓吹“中国威胁”.（2017-08-08）. http://news.ifeng.com/a/20170808/51585930_0.shtml.

② 日本 2018 年军费将创新高 强化海空力量动作频繁.（2017-12-07）. http://news.163.com/17/1207/09/D51VH4NP0001899N.html.

③ 日本建三千人“海军陆战队”全力防卫钓鱼岛.（2017-03-28）. http://mil.huanqiu.com/observation/2017-03/10387883.html? referer=huanqiu.

相浦驻地的西部方面军普通科连队为中心，成立初下辖约 2 100 人，作为陆上总队的直辖部队，负责离岛被“占据”时的“夺回”[①]。

此外，日本还经常炒作中方舰机进入其“防空识别圈”或在钓鱼岛附近区域活动，人为营造一种紧张氛围，但事实上中方有关活动从未违反国际法。日方甚至大搞双重标准，一边支持美军在南海的“航行自由行动”，一边抗议中国军舰在东海国际水域合法活动。据日方声称，2018 年 1 月 10 日至 11 日，有中国海军潜艇在钓鱼岛毗连区活动，中国护卫舰以追赶日方舰艇的形式亦驶入毗连区，中国潜艇 12 日还上浮打出五星红旗航行。日本防卫省称，这是中国潜艇首次在钓鱼岛毗连区航行。日本外务省事务次官杉山晋辅通过电话向中国驻日大使程永华提出所谓“严正抗议”，宣称“这是以新的形式单方面改变现状”。就日方炒作中国海军舰艇进入钓鱼岛毗连区问题，中国国防部新闻局 11 日回应称，1 月 11 日上午，日本海上自卫队两艘舰艇进入中国钓鱼岛赤尾屿东北侧毗连区。担负警戒任务的中国海军“益阳”号导弹护卫舰当即行动，进入上述区域进行全程跟踪监控。钓鱼岛及其附属岛屿自古以来就是中国的固有领土，中方舰艇在有关海域的活动完全正当合法[②]。日方有关做法丝毫改变不了钓鱼岛属于中国的客观事实，也丝毫动摇不了中方维护钓鱼岛领土主权的坚定决心。日方应停止在钓鱼岛问题上制造事端，按照双方 2014 年达成的四点原则共识精神，与中方相向而行，以实际行动为两国关系改善发展做出努力。

日方还利用媒体对中国海警船常态化巡航钓鱼岛海域说三道四。2017 年 3 月 22 日，日本海上保安厅向媒体公布了一段视频，其中包括日本海上保安厅巡逻船与进入钓鱼岛 12 海里巡航的中国海警船并行，并要求中方船只驶离的相关画面[③]。中国公务船在钓鱼岛领海内常态化

---

① 为了争夺钓鱼岛 日本陆自成立“陆上总队”和“水陆机动团”. (2018-03-27). http://www.guancha.cn/military-affairs/2018_03_27_451623.shtml.

② 首次！日媒称中国潜艇进入钓鱼岛毗连区 悬挂五星红旗. (2018-01-13). http://mil.huanqiu.com/world/2018-01/11520202.html.

③ 日本公布宣传视频 含在钓鱼岛“应对”中国海警画面. (2017-03-23). http://news.ifeng.com/a/20170323/50822484_0.shtml.

巡航是在中国主权范围内的正常执法活动，无可非议，但日方经常通过媒体恶意炒作中方“侵入‘尖阁诸岛’领海”的船数、吨位、次数和航行时间，以期在国际社会混淆视听。对此，中国外交部曾多次强调，钓鱼岛是中国的固有领土，中国海警船编队在钓鱼岛领海巡航，是依法行使主权的公务行为，日方无权说三道四。

中国海警船进入钓鱼岛附近巡航

最后，日本疲于拉美国为其背书，但象征意义大于实质收获。自特朗普上台以来，美日高层会晤多次重申《美日安保条约》第五条适用钓鱼岛。安倍 2017 年 2 月访美时曾就《美日联合声明》首次写入《美日安保条约》第五条适用于钓鱼岛一事称：“今后就不需要一一再确认了。”① 但颇具讽刺意味的是，安倍 2018 年 4 月访美，其与特朗普会谈的新闻说明仍提及：“双方领导人也重申《美日安保条约》第五条覆盖位于东中国海的‘尖阁诸岛’，且反对任何试图改变现状的单方行动。”②

---

① 安倍：今后无需再确认钓鱼岛适用美日安保条约.（2017－02－14）. http://world.huanqiu.com/exclusive/2017—02/10123849.html.

② President Donald J. Trump's Summit Meeting with Prime Minister Shinzo Abe. The White House, April 18, 2018.

分析人士指出，安倍此次访美几无收获，美日在解决安倍此访最艰难的经贸摩擦议题上未取得实质性进展。特朗普再度公开批评日本对美国的巨额贸易顺差，在美国重返“跨太平洋伙伴关系协定”（TPP）的问题上也再度扭转口风，称更倾向与日本达成双边自贸协定。美方没有像对其他盟友那样在钢铝关税问题上对日本松口，这对于寻求和特朗普建立特殊私人关系的安倍来说是一个重大打击①。

（二）建立“海空联络机制”有利于东海局势稳定

中日“海空联络机制”无疑是有利于稳定东海局势的，若无日方在磋商时提出各种无理提议的阻碍，双方早已签署和启用。在东海发生偶发性冲突可能性加大的背景之下，中日双方于 2008 年 4 月就“海上联络机制”进行首轮磋商。2012 年第三轮会谈后，由于日方推动钓鱼岛所谓“国有化”，磋商工作一度停滞。直至 2014 年 11 月中日首脑会谈，双方就建立危机管控机制达成共识，磋商工作才得以逐步推进。

2015 年 1 月，中日两国防务部门在日本东京举行磋商，达成了四个方面的共识：一是确认了此前双方就机制达成的各项共识，主要包括机制的目的、构成、运行方法以及相关的技术规范；二是就更改机制名称达成一致，中方提议将机制名称由“海上联络机制”更改为“海空联络机制”，日方同意中方提议，这将有利于双方就海上和空中安全问题进行交流磋商；三是双方一致认为，“海空联络机制”启动运行的基本技术条件已经具备，同意尽早启动该机制；四是就完善通信规则达成共识。3 月，中日两国外交和防务部门高层官员时隔 4 年在日本举行高层安全对话，双方就尽快启动“海空联络机制”等交换意见，以期缓和紧张并达成互信。6 月 19 日，中日两国防务部门在北京举行“海空联络机制”第五轮专家组磋商。双方就建立该机制的相关技术性问题进行了

---

① 安倍访美无实质收获.（2018－04－20）. http://www.jfdaily.com/journal/2018－04－20/getArticle.htm? id=78573.

进一步沟通，并达成了一些共识，同意加快启动运行该机制的相关准备工作①。不过，日方一方面同意领海、领空不属该机制适用范围，另一方面又提出方案主张钓鱼岛海域应适用该机制，最终方案遭中方拒绝②。

中日“海空联络机制”在2017年12月中日第八轮海洋事务高级别磋商期间获得积极进展，双方同意继续加强防务部门间的交流，增进互信③。据外媒报道，自2017年秋季左右，日中外交和防务部门一直在非公开地进行磋商，“不明确表示出对象区域，避开关于区域的记述”逐渐成为双方皆可接受的折中方案。此前因为钓鱼岛问题，对于“海空联络机制”启用协议中有关军方可以直接通信的对象区域范围，两国出现意见对立。双方均主张对钓鱼岛拥有主权，日方认为中方可能解释为“只要有联络就可驶入‘尖阁’周边”，于是便主张领空与领海不包含在适用范围内，而中方则要求不要明确适用范围。由于中日对于适用区域范围的认识有分歧，磋商一直处于停滞状态。在第八轮海洋事务高级别磋商中，中日双方达成妥协，敲定机制内容不涉及地理上的适用范围④。2018年4月，中日举行第九轮海洋事务高级别磋商，双方就防务部门“海空联络机制”的建立和尽早启动取得了进一步进展，同意加快有关准备工作。此外，双方同意继续加强防卫部门间的交流，增进互信，并具体讨论了今后的交流计划⑤。

2018年5月8日至11日，李克强总理访问日本期间，与日本确认“海空联络机制”协议以及开始启用等事项，两国防务部门还会签署备忘录。据日媒报道，日中间已经敲定的“海空联络机制”的主要内容

---

① 国防部回应“中日近期将签署海空联络机制”.(2015-06-25). http://military.china.com.cn/2015-06/25/content_35908682.htm.

② 日媒称中国拒绝日方中日海上联络机制方案.(2015-10-05). http://news.takungpao.com/world/roll/2015-10/3201505.html.

③ 中日第八轮海洋事务高级别磋商 海空联络机制获进展.(2017-12-06). http://military.china.com/news/568/20171206/31772731.html.

④ 东海“海空联络机制”中日达共识.(2017-12-07). http://www.zaobao.com/news/world/story20171207-816799；日媒称中日海空联络机制有望5月启用 避免军事冲突.(2018-03-26). http://mil.news.sina.com.cn/2018-03-26/doc-ifysqysx0448934.shtml.

⑤ 中日举行第九轮海洋事务高级别磋商.(2018-04-20). http://www.xinhuanet.com/world/2018-04/20/c_1122714801.htm.

为：(1) 确定日本自卫队和中国军舰、飞机等一旦相互接近时，直接通信所采取的无线电频率以及使用英文联络；(2) 两国防务部门定期举行局长级、科长级会议；(3) 日本海上自卫队、航空自卫队和中国海军、空军官员之间设置专用联络热线①。

三、钓鱼岛问题的前景

钓鱼岛主权争议是当下影响中日关系改善的主要障碍之一，且短期内难以解决，钓鱼岛维权必须有长期斗争的准备和足够的耐心。近一时期，虽然日方不时炒作东海问题，并妄图实现东海、南海“两海联动”对中国进行施压和牵制，但是中日钓鱼岛争端基本处于可控范围，两国因其擦枪走火的可能性较小。发展长期健康稳定的中日关系符合两国和东亚地区的根本利益，因此，中日就钓鱼岛问题应相向而行，本着“以史为鉴、面向未来”的精神予以妥善处置，为将来在合适时机通过谈判以和平方式解决钓鱼岛争端做好铺垫。

（一）日方涉足南海无益钓鱼岛局势

近年来，安倍政府蓄意插手南海问题，积极推动南海问题国际化、法律化，给本已错综复杂的南海问题带来了更大的不确定性。日本介入南海问题并非由于其所宣扬的维护“航行自由”及保障海上“经济生命线”，实际上完全是基于一己私利而挑动各方矛盾，其战略意图包含多层，除为修宪强军和扩大自卫队活动空间寻找借口、配合美国“亚太再平衡”外，最主要的考量在于“祸水南引”，迫使中国将更多力量部署南海，以此牵制和削弱中国在东海的行动，换取相关国家在钓鱼岛和东海问题上对日本的支持，制造中国在东海、南海维权行动均意在“单方

---

① 日媒称中日海空联络机制有望5月启用 避免军事冲突. (2018-03-26). http://mil.news.sina.com.cn/2018-03-26/doc-ifysqysx0448934.shtml.

面改变基于国际法的国际规则和国际秩序”的假象，从而实现东海、南海“两海联动”。日本不是南海问题当事国，其插手南海问题，不仅不利于南海和平稳定及南海争端之解决，也严重损害中日政治安全互信，与中日关系改善势头背道而驰，更无益于钓鱼岛局势。日本妄图以南海问题牵制中国在东海的行动力，必然不会得逞，反而令中国维护钓鱼岛主权的决心和意志愈加坚定不移。

日本妄图以南海问题牵制中国在东海的行动力，必然不会得逞，反而令中国维护钓鱼岛主权的决心和意志愈加坚定不移。

（二）改善中日关系应重视“以民促官”

回顾新中国成立以来中日关系发展历史，中日民间交流从无到有，从小到大，为打开中日邦交正常化的大门，促进中日关系全面、健康、顺利发展，发挥了极其重要、不可或缺的特殊作用。这一历史经验，中日双方都不应忘记，现今或可尝试对民间交流进行重点加强。

现阶段，“以民促官”重点应聚焦加强两国人文交流，不断夯实中日关系改善和发展的民意基础。双方应发扬中日民间友好传统，引领两国民众树立全面客观理性的相互认识，以积极心态看待和参与中日友好事业。聚沙成塔，积水成渊，进一步推动和扩大各领域的人文交流，为增进相互了解和友好感情多做实事，有效拉近两国民众特别是青少年的心理距离。2017 年 8 月 29 日，由中国驻日本大使馆主办、北京大学承办的“纪念中日邦交正常化 45 周年 · 中日大学生千人交流大会”在北京成功举办，两国各 500 名大学生出席，刘延东副总理亲自出席活动并致辞，会上发表了《中日大学生和平友好宣言》，在两国取得良好的社会效果和热烈反响①。

钓鱼岛争端（及日韩间领土争议）曾对东亚地区经济局势产生负面

① 驻日本大使程永华接受中国新闻社和《东方新报》联合专访.（2017－10－10）. http://www.fmprc.gov.cn/web/dszlsjt_673036/t1500461.shtml.

影响，所幸并未使对东亚经济共同利益具有重要意义的中日韩自贸区谈判搁浅。日本政府应切实改变挑衅他国民族感情的不当立场，方有利于东亚地区局势稳定和整体经济发展。在官方难以覆盖的领域，作为近邻且在经济上互相依赖的中日两国人民应当充分发挥各自积极性、主动性和创造性，务实地通过“以民促官”来进一步改善中日关系并引导钓鱼岛争端走向解决。具体而言，在中日两国政府短期内无法就钓鱼岛主权争议达成共识的情况下，为打破“聋子喊话”僵局，两国民间学界可先发起成立“中日钓鱼岛问题历史及法理共同研究中心”，促进和推动双方民间学者加深学术交流，并依据“求同存异”原则定期公布研究报告，向两国人民介绍该“共同研究中心”学者有关钓鱼岛争端的共识、分歧及解决途径建议等。

(三)“搁置争议、共同开发”仍为最佳选择

为了不使钓鱼岛问题继续成为可能恶化中日关系的不稳定因素，日本应回到“搁置争议、共同开发”的道路上来。“搁置争议、共同开发”是中国政府和平解决争端并积极发展同周边国家睦邻关系的基本原则。中国一直积极致力于妥善解决历史遗留下来的领土主权及海洋权益争议，已经务实地与周边多国在一些领域达成合作并取得一定共识，比如2000年《中韩渔业协定》，2005年中菲越三国石油公司签署的《在南中国海协议区三方联合海洋地震工作协议》等，这些都是“搁置争议、共同开发”的有益尝试。

就东海而言，中日两国尚未完成海洋划界，但已达成《中日渔业协定》(1997)和《关于中日东海问题的原则共识》(2008)。依据《中日渔业协定》，双方划出“暂定措施水域”，并设置中日渔业联合委员会负责管理该水域的可捕鱼种、渔获配额及养护措施等事项。依据《关于中日东海问题的原则共识》，两国在东海确立了一块面积不大的共同开发区块(2 600多平方公里)，双方在该区域可通过联合勘探，平等协商作业地点，进行共同开发分享资源。《中日渔业协定》和《关于中日东海问题的原则共识》皆属无损各自海洋划界立场的“临时安排”，符合国

际法和国际实践，是两国灵活务实的双赢协议，体现了双方共同致力于东海稳定、谋求合作共赢的精神，有利于中日关系的健康稳定发展，符合两国和两国人民的根本利益。

人类已进入大规模开发利用海洋的新时代。各国在维护自身海洋权益的同时，应当保持冷静和理智，共同努力寻求和平解决争端的新途径。当下，中日两国将钓鱼岛主权争议“搁置”起来，携起手来按比例公平合理地共同开发钓鱼岛附近海域的丰富资源，也许才最有利于中日双方和整个东亚地区。

耶路撒冷问题再度凸显

耶路撒冷问题再度凸显

中国国际问题研究院美国研究所　沈雅梅

2017年12月6日，美国总统特朗普宣布承认耶路撒冷为以色列首都，并将美国驻以色列大使馆从特拉维夫迁至耶路撒冷。迁馆的具体时间从前任国务卿蒂勒森预估的“至少还要三年”[①]，缩短至副总统彭斯访以时承诺的“2019年年内”[②]，并经由总统高级顾问贾里德·库什纳、美国中东特使杰森·格林布拉特、美国驻以色列大使戴维·弗里德曼等三人积极为以色列游说，进一步提速至2018年5月14日，即以色列建国70周年“建国日”。特朗普政府的这一举措推翻了历届美国总统的传统，打破了国际社会关于耶路撒冷最终地位应当通过巴以和平谈判来确定的长期、广泛共识，引起世界舆论哗然，争议持续升温，同时也为巴以和谈何去何从带来更多更危险的信号。

一、耶路撒冷的“敏感神经”

耶路撒冷

---

① Harris Gardiner. Tillerson Says Embassy in Jerusalem Is at Least Three Years Away. New York Times, December 12, 2017.

② Mark Lander. US Presses to Relocate Embassy to Jerusalem by 2019. New York Times, January 19, 2018.

现代诗人米海亚曾说："耶路撒冷是通往永恒的最后一个口岸。"这里是"一神教"的诞生地，是犹太教、基督教、伊斯兰教的圣地，浓缩着一片土地、两个民族、三大宗教纠缠共生的复杂历史。而位于东耶路撒冷、面积不到1平方公里的老城则是耶路撒冷的心脏，这是犹太人、基督徒、穆斯林都宣称拥有的。特朗普关于耶路撒冷的声明则直接打破了三大宗教之间围绕耶城圣地管理的微妙平衡。教皇方济各发声"深表关切"，呼吁"根据联合国决议，尊重这座城市的现状"。耶城13个基督教社区领导人则在致特朗普的公开信中告诫，应避免激化"耶路撒冷及圣地的仇恨、冲突、暴力和痛苦"①。

从历史上看，耶路撒冷的主权和归属，对于巴以冲突各方来说，一直是十分敏感的。20世纪的五次中东战争让耶城经历了分分合合。按照1947年联合国分治决议，耶路撒冷是国际共管城市。根据1949年第一次中东战争停火后的分界线（以色列称为"绿线"），耶路撒冷被分为东、西两部分，分别属于约旦和以色列。而根据1967年第三次中东战争的停火线（以色列称为"紫线"），以色列占领耶路撒冷东部，吞并整座耶城，不过此举从未得到国际社会的承认。1980年7月，以色列通过《耶路撒冷法》，宣布耶路撒冷是以色列"永恒、不可分割的首都"，并将总统、议会、最高法院及大部分政府机关设在此地。但是，联合国安理会随即于当年8月通过第478号决议，宣布以色列单方的《耶路撒冷法》为无效，要求以方撤销。至今，虽然以色列把耶路撒冷作为本国的政治、文化中心，但它的158个建交国中没有一家把使馆设在这里。巴勒斯坦方面的诉求则是建立以东耶路撒冷为首都的巴勒斯坦国。1988年11月，巴勒斯坦全国委员会宣布建立巴勒斯坦国，定都东耶路撒冷，并陆续得到138个国家的承认，但耶城的实际控制者仍然是以色列。

当前，耶城总人口约85万，其中约33万犹太人居住在西耶，约32万阿拉伯人和20万犹太人分布在东耶的巴勒斯坦人居住区、难民营及

---

① Erasmus. Donald Trump's Jerusalem Move Sparks Christian Disputes. The Economist, December 7, 2017.

犹太人定居点。东耶的阿拉伯居民一直不满以色列削弱巴勒斯坦人对东耶这片土地的权利，认为市政公共服务对巴勒斯坦人的就业、住宅及日常生活各方面采取歧视性的政策，侵犯基本人权。特别是围绕老城圣地，不时有以色列右翼议员和政府部长强行闯入，在穆斯林活动场所进行犹太教祷告，导致宗教冲突。2017 年 7 月，以色列单方面决定在老城阿克萨清真寺入口处加装金属探测门和摄像头，引发穆斯林群体抗议，酿成死伤，冲突持续两周后以方才被迫收回决定。

令耶路撒冷问题更加复杂的是，它与巴以和谈的其他几个症结密切相连。众所周知，以色列是世界上唯一依靠移民和建立定居点而形成的国家，犹太人定居点集中在约旦河西岸、约旦河谷和东耶路撒冷等地。巴方要求，以色列必须拆除全部定居点，停止“单方面改变现状”的举动。以方则强调，定居点建设符合犹太人口“自然增长”的需要，拒绝做实质性的让步，尤其反对把耶路撒冷的城市发展看成是有争议的定居点建设。历届以色列政府均为定居点提供财政鼓励。现任美国驻以色列大使戴维·弗里德曼就是定居点建设的坚定支持者和私人资助者。

耶路撒冷也是 520 万巴勒斯坦难民心中的牵挂。这些人回归故土的前景不明，成为困扰巴以和谈的症结之一。巴勒斯坦方面主张，无论难民能否在事实上全面回归，他们及其后代都应在法理上享有返回原居住地、取回原有财产或者获得赔偿的权利。但以色列历届政府主张，大部分难民应就地安置，在国际社会的帮助下获得补偿。到了内塔尼亚胡政府，以方立场更加强硬，认为“回归权将意味着以色列的毁灭”，主张巴方放弃难民回归权，要求巴勒斯坦难民问题只能在巴勒斯坦境内完成。巴勒斯坦难民的归乡遥遥无期，一天不解决，和平就不会到来。

因此，耶路撒冷最终地位问题关乎历史与未来，关乎战争与和平，关乎宗教信与政治理想，它的解决是通往巴以和平的必经之路。而美国在尚未提出成熟的、全面的和平计划之际，插手改变耶路撒冷现状，触动其敏感神经，如同引爆一枚政治炸弹，于联合国相关决议和国际法、于巴勒斯坦建国诉求、于中东和平而言，都是悲哀。

二、特朗普政府对中东政策的调整

历史上，中东在美国人心中是一幅落后形象。艾森豪威尔总统把中东的特点总结为“暴力、情绪化和无知”[①]。冷战时，中东是美国阻遏苏联政治和军事力量南下的屏障，其地缘战略意义重大，成为仅次于北美和西欧的战略优先地区。冷战结束后，美国把富油的波斯湾地区变成自己的军事保护地。21 世纪以来，因石油、宗教、盟友及对军事设施的利用等纽带，美国深度卷入中东，中东成为美国挥舞权力大棒的练兵场、推广“自由”梦想的宣讲台。

2002 年 6 月，小布什政府提出以色列和巴勒斯坦“两国共存”原则，这成为 2003 年 4 月中东问题有关四方关于中东和平“路线图”计划（即“两国方案”）的基础。然而，囿于自身政策缺陷，美国调停巴以冲突的作用始终有限，巴勒斯坦问题成为美国中东政策的“软肋”。

特朗普执政第一年，从“美国优先”原则出发，逆转了前任奥巴马在中东的战略收缩态势，也回避了小布什时期对中东进行“民主”改造的野心，其中东政策呈现出保守的共和党鹰派风格。2017 年 12 月以前，特朗普政府还在巴以之间开展“静悄悄的外交”，政府要员频繁对该地区进行“聆听之旅”，旨在与地区国家协商出台一份旨在解决巴以最终地位问题的全面和平协议，即“最终协议”。但到了 12 月 6 日，特朗普却宣布承认耶路撒冷为以色列首都，相当于直接站到以色列一边，主动放弃作为巴以冲突调解人的角色，退出了对中东和平进程的主导，这更加对美国当前和今后的促和能力和信誉造成无可修复的破坏。回顾这一年，美国对巴以问题的政策呈现出如下新特点：

第一，给以色列充分的安全感。面对特朗普当选美国总统，以方欢

---

① Michael B. Oren. Power, Faith and Fantasy: America in the Middle East, 1776 to the Present. W. W. Norton & Company, Inc. 2007.

呼，“白宫里终于是自己人了”。特朗普执政以来也确实不负以色列所望，慷慨给予回报。2017 年 5 月 22 日，特朗普成为首位造访耶路撒冷西墙的在任美国总统，高调宣扬犹太民族与这片土地之间“古老而永恒”的联系。同年 10 月 12 日，美国宣布退出联合国教科文组织，理由之一是抗议“该组织对以色列的偏见”。11 月 28 日，副总统彭斯在一场纪念联合国大会通过巴勒斯坦分治决议 70 周年的活动上宣称，“抨击以色列的时代结束了”。2018 年 1 月 23 日，彭斯在以色列议会发表演讲，盛赞美以两国的“历史盟友关系”。值得注意的是，在政府大幅削减外援经费的背景下，2017 年 9 月，美国本届国会在对以色列下一个 10 年 380 亿美元军援（2019 至 2028 财年）的基础上又追加了 7 500 万美元①。应该说，美国从来都不是调解巴以冲突的“诚实的和平掮客”，特朗普的耶路撒冷声明并非预示美国中东政策的转折，只不过是更加正式地挑明了美国的亲以立场。在耶路撒冷新建使馆馆舍，哪怕是在西耶美国驻以总领馆前挂牌，也将成为美国与以色列同进退的一个有形标记物。

第二，更加偏袒以色列。客观而言，美国是唯一有能力影响“小伙伴”以色列决策的外部因素。以往，美国为塑造自己“一碗水端平”的形象而对以方施压，往往招致后者的强烈反弹。特朗普入主白宫后有意“不再苛责”以方②，转向对巴方施加更多压力。例如，以色列总理内塔尼亚胡向来对“两国方案”有保留，特朗普也迄未明确对该方案的支持，只是承诺“美国致力于促成以巴双方都能接受的和平协议”，“如果双方都同意，美国将支持两国方案”，相当于为“两国方案”附加了前提条件，暗示仍有可能在巴以达不成共识的情形下，支持一个“次主权”或“非主权”的巴勒斯坦实体。对巴方，美国则明确批评其“纵容、资助和支持”恐怖主义。2018 年 3 月 23 日，特朗普签署国会一致

---

① Michael Wilner. Trump Supports ＄75M. Additional Aid to Israel Beyond Obama-Era MOU. The Jerusalem Post, September 11, 2017.

② Andreas Krieg. Trump and the Middle East: Barking Dogs Seldom Bite. Insight Turkey, Vol. 19, Iss. 3, Summer 2017, 139-158.

通过的《泰勒·福斯法》，禁止在2018年至2024年间援助巴勒斯坦权力机构，除非后者停止向那些因开展恐怖活动而死亡或被定罪的巴勒斯坦“军属”发放月薪和其他福利。这种策略侵蚀了美巴之间仅存的信任。

第三，不预设谈判结果。特朗普在关于耶路撒冷的声明中为自己辩护说：“如果认为重复同样的程序将产生一个不同的或更好的结果，那将是愚蠢的。”言下之意是，由于“我们离真正的巴以和平协议越来越远”，所以有理由打破传统，改变努力的方向。他同时为谈判预留了空间，称“美国不对最终地位问题采取立场，包括以色列在耶路撒冷主权的具体边界或巴以争议边界的解决。这些问题应由相关方解决”①。事实上，美国已放弃过去那种通过推动阶段性谈判来逐步建立信任的策略，转而寻求达成一揽子的全面“最终协议”。他在强调不为谈判预设结果的同时，主张“不再谈耶路撒冷问题”，拒不对“两国方案”做出明确承诺，当然也不愿批评以色列进行定居点建设的问题，这令人质疑其“最终协议”的内容会是什么。据巴方透露的消息，自2017年以来，白宫高级顾问库什纳定期与沙特王储穆罕默德·本·萨勒曼会晤，制定了一个公然亲以的方案，试图强加给巴勒斯坦，内容包括：建立一个“超城市政府当局”（而非享有独立主权的巴勒斯坦国），没有相连的领土，难民无权回归，也没有东耶路撒冷。有以色列学者指出，美方寻求攻克“最终协议”的主要动因在于，阿以关系正常化取决于巴以达成全面最终协议，这个结果才是最重要的②。预计，这样一份协议一旦提出，会立即被巴方拒绝，因此将注定失败③。

第四，组建地区联盟是优先事宜。根据特朗普政府首份国家安全战略报告，美国在中东的主要战略目标有三个：一是确保中东不成为恐怖

---

① Statement by President Trump on Jerusalem. The White House, December 6, 2017. https://www.whitehouse.gov/briefings-statements/statement-president-trump-jerusalem/.

② Shimon Arad. Getting to the Table: Key Elements of the US Approach to Restart the Israeli—Palestinian Peace Negotiations. INSS Insight No. 1013, January 16, 2018, p. 1.

③ Mark Landler. The Mideast Peace Plan Is Nearly Finished. Is It Dead on Arrival? New York Times, March 11, 2018.

主义的天堂，二是确保地区不出现反美政权，三是确保中东成为国际能源市场的有益参与方。报告认定，巴以冲突并非中东问题的根源，伊朗和伊斯兰激进主义才是。作为对抗措施，美国务必与以色列及逊尼派阿拉伯国家加强合作，把伊朗的影响力“推回去”。一年来，美国在中东以利益而非原则为驱动，以实用性而非正统性为标准，酝酿更广泛的地区战略，结成抗衡伊朗的统一战线。要看到，随着中东可塑性下降，美国治理能力减弱，特朗普政府并不会在这里做新的战略性资源投入。在特朗普看来，在中东斩获成功很简单，就是无条件支持盟友，与对手毫不妥协。因此，他越来越倒向以色列。

特朗普处理中东问题的新思路，特别是关于耶路撒冷的声明，在很大程度上是服务于国内政治需要。美国 1995 年《耶路撒冷大使馆法》已从国内法层面承认耶路撒冷是以色列首都，要求将大使馆设在耶路撒冷①。然而，自那以来的克林顿、小布什、奥巴马三任总统均认识到其会伤及中东和平进程，因此以“保护美国的国家安全利益”为由，每 6 个月签署一次豁免令，推迟迁馆，以保护美国在巴以之间促和斡旋的信誉。2018 年 2 月 23 日，特朗普在保守派政治行动大会上发表演讲时就美国承认耶路撒冷和迁馆坦言：“其他总统在竞选期间承诺过，这一向是竞选活动的重头戏。但当他们入住白宫后，却都是不了了之。我总算理解他们为什么没做，因为反对声浪实在太大……但我们必须这么做，因为这么做是对的。”

特朗普兑现竞选诺言，首先是满足了共和党的主要支持基础——白人福音派基督徒的关切。这部分人中 80%是亲以色列的，把支持以色列视为信仰上的义务。以在 2016 年总统大选中坚定支持特朗普的“基督徒支持以色列联盟”为例，它自称拥有 300 万会员，是美国最大的亲以色列团体。该联盟笃信，现代以色列是《圣经》预言的一种表现形式，美国的命运与以色列有着先知的联系。2017 年 7 月，彭斯曾应邀在该

① Jerusalem Embassy Act of 1995, Public Law 104-45, 104th Congress. https://www.gpo.gov/fdsys/pkg/PLAW-104publ45/html/PLAW-104publ45.htm.

联盟年度会议上发表热情亲以的演讲，这被认为开启了“基督教犹太复国主义者在白宫的新时代”。联盟负责人福音派传教士约翰·哈吉牧师主张，“对于任何人来说，只有一个耶路撒冷，它是不能分割的，不仅是现在而是永远”。特朗普的耶路撒冷声明与哈吉的这一思想是一致的。

其次拉拢了犹太裔选民。据统计，2016 年大选中，特朗普仅获得 24%犹太裔选民的支持，希拉里则获得 71%的选票。特朗普做出耶路撒冷决定后，包括“美以公共事务委员会”“美国主要犹太人组织主席大会”“美国犹太人委员会”等在内的 7 个最有影响力的美国犹太人组织迅速发声表达对特朗普的支持。只有少数几个左翼犹太人组织表示反对，如“反诽谤联盟”“J 大街”组织，但他们反对的并非声明内容，而是担心在缺乏全面和平计划之时把耶路撒冷问题单独拿出来说“时机不对”“有恶化冲突的危险”①。

声明也符合共和党和民主党夙愿，赢得两党难得的一致赞誉。众议院议长保罗·瑞安、众议院民主党领袖南希·佩洛西及众议院民主党二号人物斯滕尼·霍耶均是以色列的坚定支持者，重申耶路撒冷是犹太国家以色列的首都，称之为“一个不能否认的历史事实”。

三、中东和平路在何方

耶路撒冷问题此番再度凸显，是在巴以和谈自 2014 年就已停滞的背景下发生的，它犹如一枚“定时炸弹”，随时可能炸毁本已艰难的中东和平进程。2018 年 5 月 14 日，美国将驻以色列大使馆迁至耶路撒冷，引发巴以严重流血冲突。形势严峻，巴勒斯坦人被逼到死角：“不在沉默中爆发，就在沉默中灭亡”，中东和平前景渺茫。

---

① Michale Lipin. Trump's Jerusalem Move Welcomed by Most Major Jewish Groups. Voice of America News, December 7, 2017.

（一）以色列强硬派受到鼓舞，吞并步伐从耶路撒冷迈向西岸

在巴勒斯坦问题上以色列社会长期存在分裂，鹰派的右翼势力强硬对巴，左派则更愿意同巴方在领土问题上通过妥协找到包容共处的方案。2000年、2008年、2014年几轮和谈失败后，以色列整体向右倾。以色列犹太人中，37%自认为右翼，55%认为自己属于中间派，只有8%的人自称为左翼①。并且，中间派的内涵也已经右倾，大多数人对巴勒斯坦问题的关注下降，基本不提“两国方案”，更大的共识是维持现状，甚至有达48%的以色列犹太人支持把境内的阿拉伯人口驱逐或者转移走，“和平的种族分离”“文明的离婚”成为流行词。

以色列总理内塔尼亚胡的执政倚重右翼、极右翼力量及其联盟，对特朗普政府承认耶路撒冷为以色列首都产生强烈的共鸣。在以色列政府看来，特朗普承认古老的犹太民族与耶路撒冷这片土地之间的纽带，强化了犹太人对耶路撒冷的历史、文化、宗教以及政治的主张。以色列对第一个承认以色列建国的美国，在70年后又成为第一个承认耶路撒冷为以色列首都的国家，表示高度赞扬，热情感谢。总统鲁文·里夫林称：“这是对犹太人民故土权利的标志性承认，是耶路撒冷通往和平的里程碑。”交通和情报部长伊斯雷尔·卡茨称：“没有比这更棒的礼物了，这是最公正、最正确的举动。”② 议会迅速行动，于2018年1月2日通过一项修正案，规定在120个席位的议会中，任何欲将城市部分地区移交给“外国政党”的提案，必须得到80票的支持（原来的法定票数是61票），这为今后将耶路撒冷部分地区控制权移交给巴勒斯坦人的选项设定了更高的门槛。

不仅如此，以色列开始从立法上进行吞并西岸的准备。2018年1月1日，执政的利库德中央委员会通过决议，要求将约旦河西岸的被占领

---

① Ruth Margalt. Israel Contemplates a Future Without Netanyahu. The New Yorker, March 6, 2018.

② Harris Gardiner, Isabel Kershner. Hard-Line Supporter of Israel Offers to Pay for US Embassy in Jerusalem. New York Times, February 23, 2018.

土正式归入以色列的管辖。在这次会议上，司法部长阿耶莱特·沙凯德说："要努力减小朱代亚和撒玛利亚（即西岸地区）与以色列之间的差异。"公安部长吉拉德·埃尔丹表示："必须推动对以色列在西岸地区主权的承认，行使这部分主权权力是对定居者的道义责任。"① 决议及部长们的言论反映出政界高层广泛存在的"吞并论"，表明政府有意考虑把自1967年以来占领的土地从法律上正式纳入主权管辖之内，这是吞并西岸的前奏，将为现在或将来就耶路撒冷最终地位进行谈判制造新的政治障碍。过去，右翼担忧引起美以之间不必要的紧张，不敢放开这么做，现在则有信心美国会对他们的行为"开绿灯"，不再遮遮掩掩。实际上，以色列在西岸地区进行的道路及其他基础设施建设早已关闭了"两国"的通道，增加了它迟早吞并这块土地的可能性。以色列不同意分享耶路撒冷，归根结底，是因为它认为根本不会有"两国"。

当然，和平主义者和自由主义者担心，占领的长期化成为以色列的巨大包袱。仅从人口而言，巴勒斯坦人的人口增长率更高，除非犹太人从占领地区撤退，否则他们会面临沦为少数派的命运，导致国家陷入一个要么"非民主"，要么"非犹太"的政治困境。然而，对于工党和左翼而言，他们现在处于"要信念"，还是"要选民"的生存困境之中。另一个复杂因素是以色列政局出现变数。以色列政坛内斗不断，为了避免丢失选票，任何右翼政治势力都难以向巴勒斯坦方面做出妥协。

（二）巴勒斯坦谈判地位空前弱化，斗争前线从西岸转向加沙

对于巴勒斯坦方面来说，巴勒斯坦建国问题和耶路撒冷主权争议一样，经历着历史被篡改、承诺被撕毁、权利被践踏、占领被固化的伤痛，刻下了西方国家对它长达一个世纪的欺骗和背叛，伤痕从未愈合。特朗普的讲话则是"对圣地的和平与公正给予决定性的致命一击"②。巴

---

① Steven A. Cook. Israel Moves to Annex the West Bank-This Is How the Two-State Solution Dies. Council on Foreign Relations, January 8, 2018. https://www.cfr.org/blog/israel-moves-annex-west-bank-how-two-state-solution-dies.

② James Zogby. Trump's Jerusalem Decision Rubber Stamps 70 Years of Israeli Violations. Foreign Policy In Focus, December 12, 2017.

勒斯坦伊斯兰抵抗运动哈马斯方面称，“耶路撒冷不是一座宗教城市，它是巴勒斯坦建国的象征”。巴勒斯坦民族权力机构主席阿巴斯的发言人鲁代纳表示：“耶路撒冷永远是巴勒斯坦国首都，无论多少黄金或者美元都不卖。”对巴勒斯坦人来说，以色列建国70年历史就是巴勒斯坦人的70年灾难历史，“在巴勒斯坦灾难日之际迁馆是粗暴地侵犯法律”，浇灭了巴方以东耶为未来巴勒斯坦国首都的希望，彻底惹恼了巴方。阿巴斯宣布不再接受美国斡旋巴以冲突。在2018年1月14日巴解组织中央委员会会议上，阿巴斯怒斥“以色列是一件与犹太教毫无关系的殖民工程”①。连白宫也不得不承认，巴方需要一个“冷却期”，之后才有可能重新开展建设性的对话②。

在对美国彻底失望后，自2005年担任巴民族权力机构主席至今的阿巴斯，宣布将转向在联合国机构中寻求获得巴勒斯坦成员国资格这条路，向国际刑事法院申请裁决以色列定居点建设问题，考虑撤回对以色列的承认，并于2018年1月初召回巴解组织驻美办事处代表③。

同时，加沙民众的“回归大游行”从第一天起即引起以色列军队做出过度武力反应，升级为流血冲突，导致数十人死亡，成为自2014年加沙战争以来最严重的暴力事件。加沙地带若爆发民众暴力反抗，将成为以色列的“阿喀琉斯之踵”，和平亦将愈加遥远。

（三）阿拉伯国家对巴以问题关注下降

一方面，阿拉伯国家都支持巴勒斯坦建国事业。2017年12月9日，“圣殿山的守护者”——约旦召集阿盟外长会议，会议决议谴责美国关于耶路撒冷的声明是对国际法和联合国安理会相关决议的“危险侵犯”，

---

① Shalom Lipner. Forget the Ultimate Deal. The Mideast Needs the Status Quo. Foreign Policy, January 23, 2018.

② Ilan Goldenberg. Pence's Visit to the Middle East Serves No Purpose. Foreign Policy, January 28, 2018.

③ Jack Khoury. Abbas Declares Oslo Accords Dead: Trump's Peace Plan Is a Slap, We'll Slap Back. Haaretz, January 15, 2018. https://www.haaretz.com/middle-east-news/palestinians/abbas-declares-oslo-accords-dead-trump-s-peace-plan-is-a-slap-1.5730759.

是“无效的”。此外，阿拉伯国家还资助巴勒斯坦。据统计，从 2015 年至 2017 年，在向联合国近东巴勒斯坦难民救济和工程处（UNRWA）捐资最多的前 20 位国家中，有两个是阿拉伯国家，即沙特和科威特两个阿拉伯国家，它们每年捐助巴勒斯坦 200 万美元。

另一方面，阿拉伯国家与以色列之间逐渐生成更广泛的共同利益，走动更加活跃，态度更加柔化。第一，在中东地区能源革命中，以色列作为能源出口国，地位上升。2018 年 2 月，以埃签署 10 年期、价值 150 亿美元的天然气协议，使埃及液化天然气可以再出口到更多欧洲、非洲国家，这有助于提升埃及作为地区能源中枢的作用，深化了以埃相互依存，改变了以阿政治的游戏规则。第二，阿拉伯国家特别是海湾国家正面临从单一石油经济向服务业、科技及知识经济的转型，以色列拥有强大的技术实力和创新经济，以阿经济合作空间巨大。反对以色列已不是阿拉伯团结的凝合剂，相反，与以色列合作被认为会带来更好的发展机遇。第三，反对伊朗、打击恐怖主义成为以阿共同安全议程的支柱，阿拉伯国家开始把以色列视为打击共同敌人的方案的一部分。

2018 年 4 月初，沙特王储穆罕默德·本·萨勒曼访美期间接受《大西洋月刊》采访，被问及是否认为以色列人有权获得部分土地，他回答称，“相信巴勒斯坦人和以色列人都有权生活在自己的领土之上”。[①] 这是阿拉伯国家首次公开把对以色列国家存在的承认从一种“事实”，上升到一项“权利”，表态具有突破性。然而，在对待与以色列关系上，阿拉伯国家政权和阿拉伯民意之间仍存在温差，民间反以、仇以情绪强烈，普遍支持巴勒斯坦建国，因此，阿拉伯国家领导人与以色列的走近仍然有限。

（四）域外力量作用不一

首先，从联合国来看，联合国大会只是体现世界舆论的一支道义力

---

① Jeffrey Goldberg. Saudi Crown Prince: Iran's Supreme Leader “Makes Hitler Look Good”. The Atlantic, April 2, 2018.

量，针对巴以问题通过的决议并不具有法律约束力。联合国安理会受制于常任理事国的否决权，往往难以在巴以问题上达成共识。专门负责巴勒斯坦难民救济工作的联合国近东巴勒斯坦难民救济和工程处则受到美国和以色列批评。2017 年 6 月，美国常驻联合国大使黑莉访问以色列时，内塔尼亚胡敦促其推动解散 UNRWA，抱怨该机构对以色列有偏见[①]。2018 年 1 月 16 日，黑莉向联合国宣布，将部分冻结本年度对 UNRWA 的 1.25 亿美元捐助，第一批只提供 6 000 万美元。2 月底，库什纳在一次内部会议上说，美国“已经捐助 6 000 万美元了……是时候让其他国家进来分担这个包袱了”，此后未再提捐资一事[②]。国务院发言人诺尔特在记者会上表示，美国政府认为应该有更多国家分担责任。由于美国是 UNRWA 的头号捐助国，其冻结部分捐资的决定已经使该机构相关工作陷入财政困难，正常运转遇阻。

其次，由于地理毗邻和安全联动，欧洲国家寻求在巴以问题上发挥更大作用。从 2013 年开始，欧盟实施新规，发起并主导了一场制裁以色列定居点的“BDS”运动（The Boycott，Divestment and Sanction Movement，即“抵制、撤资、制裁”运动），禁止成员国与设立在巴勒斯坦被占领土上的以色列公司和部门合作。2014 年以来，瑞典等多国承认巴勒斯坦国家。当前，欧洲与美国特朗普政府渐行渐远，是外交上谴责美国中东政策的主力军。特朗普发表耶路撒冷声明后，欧盟外交与安全政策高级代表莫盖里尼批评，特朗普此举“或将使巴以冲突陷入更黑暗的时代”。欧洲国家中不仅没人追随美国对以色列示好，反而对以色列的立场更加强硬。2017 年 12 月 18 日讨论涉耶路撒冷问题的联合国安理会会议，就是应包括英国、意大利、法国等欧洲国家在内的多国要求而举行的。

此外，俄罗斯以叙利亚战争为平台，强势重返中东，与地区国家关

---

① Colum Lynch. Amid US Cuts，Palestinian Refugee Agency Left in the Lurch. Foreign Policy，March 12，2018.

② Bill Chappell. U. S. Freezes More Than Half of Aid to U. N. Agency for Palestinian Refugees. January 17，2018. https://www.npr.org/sections/thetwo-way/2018/01/17/578571424/u-s-freezes-more-than-half-of-aid-to-u-n-agency-for-palestinian-refugees.

系迅速升温，但其聚焦于叙利亚，对巴以问题投入并不多。土耳其、伊朗在巴勒斯坦问题上发声响亮，以“阿拉伯民族事业的捍卫者”强硬应对美国、以色列，但实际上心有余而力不足。

四、中国加大促和努力

中国的中东政策坚持从事情本身的是非曲直出发，坚持从中东人民根本利益出发，以积极的姿态劝和促谈，寻求发挥更大作用。

一是贡献中国智慧。2016 年初，习近平主席在阿盟总部演讲时说：“我们在中东不找代理人，而是劝和促谈；不搞势力范围，而是推动大家一起加入‘一带一路’朋友圈；不谋求填补‘真空’，而是编织互利共赢的合作伙伴网络。”这是中国中东外交的思想精髓。根据这一思想，中国均衡发展与巴以双方及所有中东国家关系，建立起相对稳定的中东外交框架。2016 年和 2017 年，中国分别同以色列和巴勒斯坦开始自贸区谈判，带动双边经贸往来迅速增长。2017 年 3 月，内塔尼亚胡访华，中以关系升级为“创新全面伙伴关系”。夯实同巴以双方的关系，是中国发挥劝和促谈作用的基础。

> “我们在中东不找代理人，而是劝和促谈；不搞势力范围，而是推动大家一起加入‘一带一路’朋友圈；不谋求填补‘真空’，而是编织互利共赢的合作伙伴网络。”
>
> ——习近平

二是提出中国方案。习近平主席分别于 2013 年、2017 年提出解决巴勒斯坦问题的“四点主张”，即坚定推进以“两国方案”为基础的政治解决；坚持共同、综合、合作、可持续的安全观；进一步协调国际社会的努力，壮大促和合力；综合施策，以发展促和平。这是中国首次以国家最高领导人名义就中东问题提出明确、具体的方案，表明中国积极为巴以和解做贡献。

三是创设中国机制。中国曾于 2002 年 10 月首次设立中东特使机制，至今已有四任中东特使，可以说，在地区形势演变的每一个关键时间节点，中方特使均在当地奔走，为劝和促谈进行了实质性的政策准备。中国还倡议举行巴以和平人士研讨会。2017 年 12 月 21 日至 22 日，第三轮会谈在北京举行，巴解组织执委会委员马吉拉尼、以色列副议长耶希埃尔·巴尔分别率团出席。此次研讨会在特朗普做出将美国驻以色列使馆迁往耶路撒冷决定之后不久，搭建起一个平台，供巴以双方交换看法，助益紧张局势的缓解。从长远看，把巴以和平人士研讨会固定下来，有助于形成一个中巴以三方对话机制，为巴以双方提供交往的动力，逐步建立信任，待条件合适时再推动巴以之间的建设性谈判。

归根结底，中国坚定支持巴勒斯坦人民恢复民族合法权利，支持建立以 1967 年边界为基础、以东耶路撒冷为首都、拥有完全主权的、独立的巴勒斯坦国。中国认为，耶路撒冷的地位必须依据联合国决议通过对话谈判确定，“两国方案”仍是从根本上解决巴勒斯坦问题的可行途径。随着“一带一路”建设的推进，中国与中东地区沿线国之间的合作日益紧密。相应的，中国也寻求为地区和平和稳定做出更大贡献，这既是地区国家的期待，也符合中国发展的需要。

Opinion of China in the New Era

卡塔尔断交风波及其影响

卡塔尔断交风波及其影响

中国国际问题研究院发展中国家研究所　王泽胜

2017 年 6 月 5 日，沙特、埃及、阿联酋和巴林四国突然与卡塔尔断交并实施陆海空全面封锁和制裁，同时阿拉伯联盟宣布终止卡塔尔的成员国资格。这场外交风波一时成为 2017 年海湾地区最大的“黑天鹅”事件。危机发生后，国际社会广泛关注与劝和促谈，但由于阿拉伯国家内耗严重和互信缺失，双方关系迄今仍处于僵局。断交的负面影响日益显现，危机最终化解与建立互信尚需时日。

一、断交风波的缘由

沙特等国与卡塔尔断交风波爆发和持续至今，是历史与现实、内因与外因等各种复杂因素综合作用和逐步演化的结果。主要原因有：

（一）历史欠账与积怨

沙特、阿联酋等国与卡塔尔的矛盾是不断累积起来的。在此次危机爆发之前的数年间，双方竞争与不和在许多方面均已表现出来。

其中，卡塔尔现任埃米尔（君主）塔米姆及其父王哈马德所追求的特立独行和“小国大外交”内外政策刺激了“老大哥”沙特的敏感神经。1995 年 6 月，哈马德·哈利法·阿勒萨尼通过宫廷政变方式推翻其父统治而成为卡塔尔的新埃米尔。哈马德一改其父惯常的中庸之路，主张必须摆脱沙特的影响。随后，哈马德大刀阔斧进行改革。内政方面，1996 年创办的半岛电视台，抨击沙特、埃及等阿拉伯国家的腐败时政，一度成为中东影响最广泛的媒体并被称为“中东 CNN”（CNN 为“美国有线电视新闻网”）；进行有限政治改革，在确保埃米尔最高统治权前提下，加强对政府、议会与立法机构的统筹协调；2005 年通过首部永久性宪法，规定国民可投票选举议会三分之二的议员，其余议员由埃米尔任命，并赋予女性同等政治和公民权；2008 年又通过选举法，推动协商会议（议会）进一步改革；2013 年 6 月，埃米尔哈马德将王位主动传给年轻的新王子塔米姆，其在幕后鼎力辅佐。塔米姆秉承父王个性和政策，外交上除积极参与中东地区事务外，主动向美国靠拢，欢迎美国的海湾驻军总部从沙特迁至卡塔尔，乌代德基地成为美国在海湾最大军事基地，常驻美军达 1 万人。在“9·11”事件后美国与沙特关系走低的大背景下，卡塔尔犹如一颗冉冉上升的新星，与动荡中的埃及、叙利亚、伊拉克、利比亚等阿拉伯国家形成鲜明对比，俨然成为海湾和阿拉伯国家的“新榜样”，在中东的影响力日益扩大。

卡塔尔国家元首，现任埃米尔：塔米姆·本·哈马德·阿勒萨尼

不过，尽管如此，沙特、阿联酋、巴林三国与卡塔尔仍保持总体上的合作态势：2001 年 3 月，沙特、巴林两国与卡塔尔友好地解决了长期存在的边界领土争端；2007 年 9 月，阿联酋与卡塔尔同时成为全球第三大伦敦证券交易所最大的两个股东。而且，沙特、埃及等与卡塔尔在阿盟、海合会等区域、次区域组织框架下仍保持着常规性磋商机制。

但是，沙特、阿联酋对卡塔尔的态度已悄然发生变化，在与卡塔尔保持合作的同时，开始保持警觉并拉开一定距离。特别是沙特这位昔日的“老大哥”，在 2002 年至 2008 年的 6 年间，从卡塔尔撤回大使后就一直没有派回，对卡塔尔保持疏远和警示。

此后，双方矛盾升级的一个关键节点是 2011 年。这一年，“阿拉伯之春”在突尼斯、埃及、巴林等多个阿拉伯国家迅猛爆发，民众冲向街头强烈抗议各国腐败当局，阿拉伯世界随即坠入冲突、战乱和政局动荡的深渊。卡塔尔埃米尔哈马德鼎力支持埃及以穆斯林兄弟会为首的民众及叙利亚、利比亚等其他阿拉伯国家的“革命”人民，遭到沙特、阿联酋、巴林等国的强烈反对与抵制，双方在地区问题上互相口诛笔伐。卡塔尔支持埃及穆斯林兄弟会革命，穆尔西执政后以埃及总统身份首次访问卡塔尔，两国关系迅速升温。后沙特等国与埃及军方联手，经过“二次革命”①，穆尔西总统被赶下台，塞西将军成为埃及的新总统。此后，埃及与海湾大国沙特、阿联酋的关系迅速升温。埃及、沙特、阿联酋、巴林等国把穆斯林兄弟会定为恐怖组织，严加防范和打击。2014 年 3 月，沙特、阿联酋、巴林三国从卡塔尔召回大使，抗议卡塔尔违背 2013 年 11 月与三国达成的利雅得秘密协议，指责卡塔尔继续支持穆斯林兄弟会及半岛电视台“鼓吹革命”。2014 年 11 月，沙特、阿联酋、巴林三国与卡塔尔签署第二份“绝密”协定——利雅得补充协议，承诺共同维护埃及的稳定，包括禁止半岛电视台挑战埃及政府②，后在科威特的外交斡旋下，沙特、阿联酋、巴林同意三国大使重返多哈，长达 8 个月的外交危机暂告一段落。2015 年 3 月，卡塔尔与阿联酋和巴林两国一起加入沙特领导的阿拉伯联军，帮助恢复也门的哈迪政权，共同反击伊朗及其支持的胡塞武装。

但是，卡塔尔与沙特、阿联酋和巴林三国关系并未真正改善。2017 年 4 月，卡塔尔的一位王室成员在伊拉克南部猎鹰时被什叶派民兵抓获，后卡塔尔王室出钱捞人，拿出约 10 亿美元给在叙利亚的“基地”组织及其分支和伊朗支持的伊拉克什叶派民兵。沙特、阿联酋认为这是卡塔尔经过深思熟虑而精心设计的一场“苦肉计”。但是，卡塔尔拒绝进行解释，沙特等国认为卡塔尔违反了与三国秘密签署的 2013 年协议

---

① 埃及“二次革命”指的是，“阿拉伯之春”爆发后，埃及民众在穆斯林兄弟会领导下推翻了穆巴拉克总统，穆斯林兄弟会首领穆尔西当选为埃及的新总统；但穆尔西总统执政仅一年就被埃及军方推翻，俗称“二次革命”，塞西将军成为埃及新总统。

② Exclusive：The Secret Documents that Help Explain the Qatar Crisis. http://edition.cnn.com/2017/07/10/politics/secret-documents-qatar-crisis-gulf-saudi/index.html.

和2014年协议。在这两份秘密协议中，卡塔尔承诺不干涉其他海湾国家的内政，包括不给这些国家的反政府组织提供财政或政治支持。2017年5月，卡塔尔新闻社突然发布消息：塔米姆称卡塔尔将支持伊朗、哈马斯、真主党和以色列，认为“伊朗是不可被忽视的地区大国和伊斯兰大国，抵制伊朗是不明智的，伊朗是维护地区稳定的一个大国”。[①] 随后，卡塔尔又立即予以否认，称其媒体遭到黑客攻击，卡外交大臣穆罕默德辟谣称，多哈成为此次“敌意媒体”的牺牲品。但塔米姆的相关言论在阿联酋、沙特等海湾国家媒体疯狂传播，更有视频爆出卡塔尔前埃米尔哈马德曾经与利比亚卡扎菲的对话内容，声称卡塔尔谋划把沙特一分为三。沙特认为卡塔尔的这些言行已触犯其核心利益，触碰了沙特能够容忍的红线，遂决定制裁。5月28日，阿联酋外交事务国务部长安瓦尔敦促卡塔尔必须改变态度和重建信任，才能解决此次“深层危机”。6月3日，巴林外交大臣哈利德声称其推特账号遭到卡塔尔的“网络攻击”。终于，6月5日，沙特、阿联酋、巴林和埃及四国实施“家法”，宣布即日起与卡塔尔断绝外交关系，限令卡塔尔驻四国外交官48小时离境。

（二）沙特四国列出卡塔尔的“问责清单”——从“13条要求”转到“新6条原则”

断交后不久，2017年6月22日，沙特等四国通过协调国科威特向卡塔尔提交了一份包含“13条要求”[②] 的苛刻“问责清单”，要卡塔尔无条件答应并在10天内答复。这份“问责清单”包括：（1）降低与伊朗的外交关系，关闭在卡塔尔的伊朗外交使团；驱逐伊朗伊斯兰革命卫队的任何成员出境，并切断与伊朗的军事与情报合作；与伊朗的贸易和商业活动必须遵守美国和国际制裁的相关规定，不得危及海合会的安

---

① Hack, Fake Story Expose Real Tensions between Qatar, Gulf. http://www.foxnews.com/world/2017/05/23/qatar-says-state-news-website-hacked-fake-article-published.html.

② Arab States Issue 13 Demands to End Qatar-Gulf Crisis. http://www.aljazeera.com/news/2017/06/arab-states-issue-list-demands-qatar-crisis-170623022133024.html.

全。(2) 立即关闭土耳其在卡塔尔的正在建设中的军事基地，停止其境内与土耳其的军事合作。(3) 断绝与所有恐怖分子、教派及其意识形态组织的联系，特别是穆斯林兄弟会、“伊斯兰国”、“基地”组织、哈马斯、真主党；按照沙特、巴林、阿联酋和埃及宣布的名单，卡塔尔必须正式宣布这些组织为恐怖组织，并同意这份名单将来所有的更新。(4) 已被沙特、阿联酋、埃及、巴林、美国和其他国家认定为恐怖分子的，卡塔尔必须停止对他们个人、团体或组织的一切资助。(5) 向沙特、阿联酋、埃及和巴林交出其认定的恐怖分子、逃犯及追逃人员，冻结其资产，并提供有关他们住处、行踪和金融的任何所需信息。(6) 关闭半岛电视台及其分站。(7) 停止干预主权国家的内政；停止授予卡塔尔公民资格给沙特、阿联酋、埃及和巴林通缉的四国国民；对违反上述国家法律而目前已被授予卡塔尔公民资格的四国公民，必须撤销其资格。(8) 卡塔尔必须为其近年来政策造成的人员死亡和其他财产损失予以赔偿，具体数额将与卡塔尔商定。(9) 按照 2014 年与沙特达成的协定，卡塔尔必须同其他海湾和阿拉伯国家在军事、政治、社会和经济上结盟。(10) 停止与沙特、阿联酋、埃及和巴林国内的政治反对派接触，交出卡塔尔先前与其交往和给予支持的文件，并交出有关其个人信息和对其支持的详细资料。(11) 关闭卡塔尔直接或间接资助的其他媒体。(12) 卡塔尔必须在 10 天之内同意有关提交给它的名单的所有要求，否则，名单将无效。(13) 卡塔尔接受上述要求后，必须同意第一年内对其每月审查一次，第二年为每季度审查一次，其后的 10 年为一年审查一次。沙特等四国提出“家法 13 条”，把此次断交原因都摆上了桌面，要求卡塔尔必须限期改正。

但是，卡塔尔态度强硬。2017 年 7 月 2 日是沙特等四国提出的答复最后期限，卡塔尔并没有官方回应。3 日，应科威特的要求，沙特同意把最后期限再延长 48 小时。4 日，卡塔尔政府正式答复四国，断然拒绝四国“无理”要求，强调主权问题不容谈判。5 日，沙特等四国外长齐聚开罗商议，发表联合声明，对卡塔尔的回复表示“失望”。双方剑拔弩张，继续互相攻讦，都希望对方能够先退一步。至 18 日，沙特等四国宣布不再坚持“13 条要求”，而提出了恢复对话的“新 6 条原则”，即卡塔尔必须承诺反对一切形式的极端主义和恐怖主义，阻止对其资助或提供庇护地；暂停所有挑衅行为和煽动仇恨或暴力的言论；完全遵守利雅得协议及其补充协议以及海合会框架内执行机制；遵守 2017 年 5 月在利雅得召开的阿拉伯-伊斯兰-美国峰会的所有决定；不干涉别国内政和支持非法实体；国际社会所有国家都有责任打击威胁国际和平与安全的一切形式的极端主义和恐怖主义。沙特等四国从“13 条”到“新 6 条”的转变，表明自己愿意降低条件，展现灵活性，做出让步，并希望卡塔尔能够积极回应。21 日，塔米姆在多哈发表全国电视讲话称，愿意通过对话化解分歧。至此，这场风波似乎出现降温迹象。

但是，事与愿违。9 月 8 日，塔米姆与沙特王储小萨勒曼首次通电话，讨论化解当下危机。然而 9 日，沙特突然翻脸，宣称由于卡塔尔歪曲事实，沙特决定暂停一切对话和联络，直至卡塔尔公开澄清立场。沙特陡然变脸，据说是由卡塔尔新闻社相关报道“失实”造成的。沙特等方面称，通电话是“应卡方要求”进行的，而卡通社却宣称，美国总统特朗普先前与塔米姆通电话斡旋，从而促成塔米姆与小萨勒曼通电话。上述戏剧性一幕，一下子把双方要对话的气氛破坏掉了。双方又回到问题的原点，沙特等四国要求卡塔尔必须为其错误“背书”，而卡塔尔则强烈谴责四国干预自己的内政与主权独立，并呼吁国际社会支持弱小方卡塔尔。

（三）美国因素和伊朗因素

自从 1979 年伊朗伊斯兰革命成功后，美伊两国长期交恶。特朗普上台后，在“美国第一”大旗下，加大对中东地区传统盟友和合作伙伴——沙特的外交力度，积极鼓动反恐与反伊朗大业。奥巴马担任美国总统期间，沙特、以色列等地区传统盟友对其在核问题上改善与伊朗关系的做法以及平衡阿以关系方面的做法都甚有怨言，更对美国打击“伊斯兰国”乏力及把战略重心转向亚太失望。“阿拉伯之春”后，伊朗抓住机遇，势力迅速坐大，在伊拉克、叙利亚、黎巴嫩、巴勒斯坦和也门等多个战场与沙特展开激烈的地缘博弈。沙特、以色列都对竞争对手伊朗在中东地区扩张新势力非常焦虑，期盼着美国新总统特朗普能够发挥特殊作用，共同打击伊朗。果不其然，2017 年 5 月，特朗普进行上台以来的第一次出国访问，首站选择的就是沙特和以色列。访沙期间，美沙两国签署高达 3 800 亿美元的大单，其中包括沙特从美国购买 1 100 多亿美元的军火。美沙关系的加强，使沙特底气上升，认为是时候对阿拉伯兄弟卡塔尔吃里扒外，亲善伊朗，支持穆斯林兄弟会及沙特、阿联酋等国内的反对派，鼓吹革命和鼓动民众造反的做法，做出严厉训斥和敲打了。

（四）海湾王室恩怨延续及年轻新主“斗法”

此次断交风波的一个深层原因是，沙特和卡塔尔等海湾国家新老两代王室家族的恩怨延续，特别是年轻新主很有“个性”。在历史上，海湾王室之间恩怨交织，其中一笔就与卡塔尔埃米尔塔米姆的父王哈马德的家事有关。如卡塔尔王室家族自称为先知穆罕默德的后裔，但遭到沙特王室和沙特宗教界的坚决否认；此外，卡塔尔王室广纳穆斯林兄弟会成员的做法遭到沙特、阿联酋和埃及的强烈反对。1995 年 6 月，哈马德发动宫廷政变，成为卡塔尔的新埃米尔。一年后，在沙特等邻国帮助下，哈马德的父王想重新夺回国王宝座，但最终没有成功。对此，哈马德一直不满。哈马德执掌卡塔尔 18 年，于 2013 年 6 月把王位传给年轻的儿子塔米姆，自己退到幕后继续“垂帘听政”。20 多年来，哈马德与塔米姆父子俩处处与沙特作梗。在沙特看来，哈马德父子不但干涉沙特内政，支持穆斯林兄弟会、“伊斯兰国”等恐怖组织，鼓动阿拉伯民众造反，而且亲善沙特的死敌伊朗，其所作所为令亲者痛、仇者快。

2015 年 1 月，时年 80 高龄的老萨勒曼登上沙特国王宝座，一改“兄终弟及”的王权继承旧制，在沙特王室效忠委员会的支持下，两次废储立新，直接立自己年轻的儿子小萨勒曼为新王储，奠定小萨勒曼为沙特未来王权和神权“掌门人”的地位。作为年轻新主，小萨勒曼志在必得，与塔米姆针锋相对，都想争雄阿拉伯世界。

沙特现任国王萨勒曼·本·阿卜杜勒-阿齐兹·阿勒沙特

二、断交风波的影响

阿盟开除卡塔尔，海合会也向卡塔尔频频亮出“红牌”。尽管有科威特、阿曼等保持中立并积极斡旋，但卡塔尔已遭到沙特为首的多数阿拉伯国家的集体孤立。海湾地区作为全球能源中心和交通枢纽要道，受此事件影响甚大，负面效应日益扩大，表现在许多方面：

（一）卡塔尔遭受巨大经济损失

卡国内市场非常狭小，其贸易、金融、投资和交通都严重依赖沙特、阿联酋等周边阿拉伯国家。断交后，沙特等四国切断与卡塔尔的陆海空一切联系，卡塔尔变成“孤岛”。国际评级机构标准 & 普尔直接把卡塔尔的债务信誉从 AA 降为 AA－，卡塔尔的股票市场在断交当日便震荡和下跌 7.3%，卡塔尔对非洲和欧洲的航线不得不“转借”伊朗，多哈一度出现超市食品被哄抢一空的景象（卡塔尔 80%的食品需要进口），2022 年世界杯能否如期在多哈举办成为各方质疑焦点之一。危机持续可能引发地区新的人道灾难，影响到域内外数以万计民众的民生。国际货币基金组织称，此次外交危机的经济影响尚难评估。

（二）沙特等四国同样承受着更多内忧外患挑战压力

卡塔尔拒不认错服软，令四国处于骑虎难下的窘境。若僵局持续，四国将不得不自吞制裁苦果；而完全取消制裁，则有损四国尊严。尤其对沙特而言，承受的压力更大，一方面必须推进国内改革的艰巨任务，不但要巩固和维护萨勒曼国王父子的权力核心地位，而且还要应对伊斯兰极端保守势力的挑战；另一方面，沙特对外必须应对伊朗和土耳其的挑战。制裁使卡塔尔进一步靠近伊朗和土耳其，而伊朗、土耳其等伊斯兰大国则顺势扩大在海湾的势力与影响，这种发展态势令沙特寝食难安。

（三）有损海合会声誉和阿拉伯团结

海合会成立以来，在维护地区和平与稳定、促进域内外经济发展、推动海合会一体化建设、加强海湾阿拉伯国家团结等各方面发挥着积极的作用，并赢得广泛赞誉。而此次危机则严重损害了海合会的声誉，并把海合会内部的矛盾扩大化，同时海合会一体化进程被迫搁浅，其外溢效应也逐步显现。本来，在中东大变局和持续的地区动荡令阿拉伯国家四分五裂的情况下，海合会国家成为阿拉伯世界安全的“孤岛”和稳定的“压舱石”，但如今这种“神话”已褪去神秘的光环。若处理不当，卡塔尔外交危机则有可能演化为压垮海合会与阿拉伯世界的“最后一根稻草”。

（四）海湾的安全与认同危机进一步扩大

沙特与伊朗这对宿敌相互争雄与恶斗，已严重恶化地区安全生态，更令其他海湾小国身处夹缝之中，始终缺乏安全感。而今，海合会内部狼烟突起，再次暴露出海湾阿拉伯国家之间的认同危机。沙特常以老大自居，其他小兄弟不得不面对沙特的傲慢。实际上，海合会“面和心不和”始终存在，科威特、阿曼与卡塔尔对伊朗都持有与沙特不同的态度。作为一个次区域性组织，海合会各成员国事实上均有权保持各自主权独立，都立足本国利益确定外交方针。当下，大国沙特与阿联酋结成强有力的新轴心，小国巴林紧随其后，科威特和阿曼保持着相对独立，而卡塔尔在四国断交压力下不得不寻求沙特竞争对手伊朗、土耳其的援助。因此，卡塔尔事件将进一步加重海湾国家的这种双重危机。

卡塔尔事件进一步强化了海湾国家的冷战思维。虽然世界已进入21世纪——合作共赢的新时代，但冷战与零和博弈等错误思维观念在海湾地区仍然十分盛行。沙特与埃及等国联手，在卡塔尔问题上与伊朗、土耳其的对峙加剧，便是这一思维的反映。

三、国际社会的调停和中国的立场

沙特、阿联酋、卡塔尔等都是海湾能源富国，石油和天然气储量位居世界前列，拥有巨额石油美元并扼守战略交通要道，对世界经济发展和能源安全影响巨大。由于利益深度交融和相互牵连，此次海湾危机牵动各方敏感神经。

（一）国际社会的调停

当前，国际社会的调停行动大致可分为四类。

1. 支持沙特等四国的国家

在沙特领导下，拥有22个成员国的阿拉伯国家联盟（阿盟）已将卡塔尔开除。其中，科摩罗、马尔代夫、毛里塔尼亚、塞内加尔、也门和利比亚同卡塔尔断交，乍得、吉布提、约旦和尼日尔与卡塔尔降低外交关系。上述国家谴责卡塔尔支持恐怖主义并干预地区国家的内政。而地区强国以色列则表示支持制裁卡塔尔的行动，内塔尼亚胡总理要求关闭半岛电视台在以色列的代表处，并表示阿拉伯国家现在更愿意把以色列视为伙伴而不是敌人，以色列愿意与阿拉伯国家加强反恐合作，共同应对伊朗的核威胁。作为阿拉伯大国，中东首次出现埃及和沙特共同亲善以色列，这意味着地区国家关系出现了新的分化组合。

2. 支持卡塔尔的伊斯兰国家

支持卡塔尔的主要有土耳其和伊朗，主张对话解决分歧。其中，土耳其在外交和军事上支持卡塔尔，呼吁通过和平谈判解决危机，并积极提供食品和援助。2017 年 6 月 7 日，土耳其议会通过向卡塔尔派驻土耳其军队的议案。9 日，埃尔多安总统重申支持卡塔尔，强调土耳其不会离开遭孤立的卡塔尔。13 日，埃尔多安谴责沙特等四国孤立卡塔尔的行动为“非人道和违反伊斯兰价值”。6 月 23 日，土耳其拒绝了沙特等国关于关闭土耳其在卡塔尔军事基地的要求。9 月 14 日，卡塔尔埃米尔塔米姆自断交危机爆发以来首访土耳其，与埃尔多安总统会谈，双方再次强调两国合作关系不容他国干涉。伊朗在外交上积极声援卡塔尔并提供食品和援助，呼吁用和平方式解决海合会与卡塔尔的冲突，并谴责美国是此次危机的“幕后黑手”[①]。土耳其和伊朗的食品援助有利于缓解卡塔尔的人道危机，并对沙特形成某种新的制衡。

3. 保持中立的海合会国家

作为海合会成员国，科威特和阿曼都保持中立，并呼吁对话解决危机。阿曼支持科威特发挥更大协调作用，事实上，科威特也成为化解此次危机的主要协调国，并得到国际社会各方的广泛认可。在危机发生后的一个月内，科威特埃米尔萨巴赫不顾年迈，在沙特、阿联酋、巴林、卡塔尔及美国等各方之间展开穿梭外交。断交风波发生后，6 月 6 日，萨巴赫立即从中斡旋并赶赴沙特会见萨勒曼国王，7 日飞抵阿联酋迪拜会见阿布扎比王储穆罕默德和迪拜酋长穆罕默德，同日抵达多哈，会见

---

① Saudi Arabia, Egypt Lead Arab States Cutting Qatar Ties, Iran Blames Trump. http://readersupportednews.org/news-section2/318-66/43951-saudi-egypt-lead-arab-states-cutting-qatar-ties-iran-blames-trump.

卡塔尔埃米尔塔米姆。6 月 12 日，卡塔尔外交大臣穆罕默德表示卡塔尔和美国目前都与科威特保持着密切的接触，双方都支持科威特为首的外交协调努力。同日，萨巴赫对外发表讲话称，海湾国家的分裂可能走向各方都不愿意看到的结果，当前是最困难的时刻，无论多难，他都要继续调停，这是他的责任。9 月 7 日，萨巴赫访问美国，向特朗普通报科威特协调的情况，萨巴赫表示，在过去的三个月，科威特已成功阻止双方采取任何军事行动。迄今，科威特做了许多增信释疑的协调工作，某种程度上缓解了海湾国家之间的矛盾，促使双方保持克制，避免了军事冲突。

4. 支持对话解决的国家和国际组织

联合国五大常任理事国与国际社会多数国家及联合国、欧盟等多边组织都呼吁通过直接对话在海合会框架下解决此次外交危机，特别是美国、法国更愿意扮演调停人角色，有利于推动海湾局势降温和趋向稳定。

其中，美国的角色较为关键。冲突双方均为美中东盟友与合作伙伴，都严重依赖超级大国美国的保护。但是，美国在危机初期的调停活动却充满戏剧性，特朗普总统频频发出矛盾的信号，反映出美国调停政策的摇摆。危机一爆发，特朗普立即发声支持沙特。2017 年 6 月 6 日，特朗普发推特称："在我近期的中东之行中，我要求不可再有资助激进意识形态的行为，与会各国领导人都指向了卡塔尔——瞧！""沙特及其他 50 多个伊斯兰国家首脑承诺采取强硬措施反对资助极端主义的行为，所有人都把矛头指向卡塔尔。"但是，6 月 7 日，特朗普风格突变，与沙特国王萨勒曼通电话，要求地区所有国家都必须切断恐怖组织的财政来源，同时要团结卡塔尔，共同反恐和维持地区局势稳定。6 月 8 日，特朗普又与阿布扎比王储穆罕默德通电话，要求必须严格执行利雅得反恐协定，再次强调海合会团结对维护海湾稳定的重要性，但不能影响反恐。同日，特朗普还与卡塔尔埃米尔塔米姆电话联络，表示如有必要，美国愿意作为协调国从中斡旋。但 6 月 9 日，特朗普再次发文谴责卡塔尔，称沙特等四国对卡塔尔的集体封锁行动是严厉而必要的，强调卡塔尔高层一直在资助恐怖主义，这表明卡塔尔有极端主义的意识形态。同日，特朗普还与埃及总统塞西通电话，又强调阿拉伯国家要保持团结。6 月 10 日，沙特和埃及积极呼应特朗普，欢迎特朗普呼吁与卡塔尔加强反恐合作，表示将致力于特朗普开启的反恐大业。

与此同时，美国国务卿蒂勒森、国防部长马蒂斯马不停蹄地在海湾进行穿梭外交，为特朗普的一言堂言论做政策解释工作，为局势降温。美国国防部称赞卡塔尔为美国提供乌代德空军基地及对地区安全所做的贡献，表示此次外交危机不会影响美国在卡塔尔的驻军（目前约 1 万美军驻扎在乌代德军事基地）。美国国务卿蒂勒森 6 月 9 日发表声明，呼吁沙特、埃及和阿联酋减缓对卡塔尔的封锁，敦促保持克制不让危机升级，指出对卡塔尔的陆海空封锁阻碍美国打击“伊斯兰国”的军事行动，希望各方迅速采取措施为紧张局势降温。同时，6 月 15 日，卡塔尔与美国签署军事合作协议，卡塔尔出资 120 亿美元购买美国 F-15 战机，两国决定继续执行联合军事演习活动。6 月 21 日，国务卿蒂勒森建议沙特等四国向卡塔尔提交合理而实际的复交条件，并强调美国支持科威特继续调停。6 月 22 日，沙特等四国向卡塔尔提出了“13 条要求”，均遭到卡塔尔的拒绝。7 月 20 日，美国务院发表反恐国别报告，对卡塔尔在反恐中的配合与支持表示肯定，称卡为美国反恐的“强有力伙伴”。7 月 21 日，美国中央司令部司令约瑟夫在会见卡塔尔埃米尔塔米姆时，感谢塔米姆为加强卡塔尔与美国两国防务合作所发挥的关键作用。8 月 31 日，特朗普与沙特萨勒曼国王通电话，敦促沙特通过外交方式解决海湾危机。9 月 7 日，特朗普在会见来访的科威特埃米尔萨巴赫时表示，美国支持科威特继续发挥协调作用，如果失败，美国愿意充当协调人，并呼吁危机各方遵守利雅得协议，加强团结，共同反恐。美国的调停活动表明，美国对冲突双方事实上都存有不满，希望沙特和卡塔尔能够正视各自存在的问题，最终在海合会框架内和平解决争端。

法国也积极斡旋卡塔尔危机。危机爆发后，2017 年 6 月，法国总统马克龙分别与土耳其总统埃尔多安、阿布扎比王储穆罕默德、卡塔尔埃米尔塔米姆、沙特国王萨勒曼、伊朗总统鲁哈尼等通电话，呼吁相关各方进行对话和缓解紧张局势，表示法国希望维持地区稳定、继续反恐及打击资助恐怖组织的活动，并承诺法国将会继续协调。马克龙与塔米姆通话时表示法国愿意协调卡塔尔与邻国的紧张关系。法国政府发言人克里斯托弗随后解释说，“卡塔尔必须完全透明并准确回答邻国提出的问题，这也是法国的要求，法国并不偏袒哪个国家，与他们都是朋友，双方有着历史和牢固的合作关系，法国呼吁各方重建联系和解决问题”①。7 月，法国外长勒德里昂先后访问卡塔尔、沙特、科威特和阿联酋，呼吁沙特等四国与卡塔尔尽快通过对话和谈判解决外交僵局，要求立即取消相关制裁措施，并支持科威特作为协调国在有关国际法、相互尊重和尊重国家主权的基础上通过谈判解决问题②。9 月，马克龙总统与到访的卡塔尔埃米尔塔米姆会谈后表示，敦促沙特等国尽快结束对卡塔尔的禁运，并对威胁地区稳定的紧张局势表达关切，强调必须政治解决危机和集体反恐。12 月，马克龙回访卡塔尔，其间两国签署高达 120 亿欧元的武器协议，包括卡塔尔购买法国 12 架“旋风”战机；马克龙还视察了驻乌代德的法军空军基地；马克龙表示，法国对卡塔尔的邻国在斋月期间与卡塔尔断交表示特别失望，强调卡塔尔的主权和尊严高于一切。法国的斡旋行动得到卡方高度赞扬。

德国同情和支持卡塔尔。2017 年 6 月 10 日，德国总理默克尔对卡塔尔局势表达关切，呼吁所有海湾国家以及土耳其应共同努力来结束地区危机，希望各方维持本地区敏感的力量平衡，指出安全议题将在 7 月份德国汉堡举行的 G20 峰会上讨论。同日，德国外长加布里尔在媒体警告说海湾危机可能导致战争，他表示已与沙特、卡塔尔、土耳其、伊朗和科威特等国外长进行紧急电话沟通与磋商。2017 年 9 月，塔米姆访德国期间，默克尔总理会见并强调，只有通过和平外交手段，才能解决卡

---

① Why France Has Larger Potential than US in Mediating Qatar Crisis. https://sputniknews.com/politics/201706111054523440-france-qatar-crisis/.

② France Wants an End to Qatar Crisis. http://www.euronews.com/2017/07/15/france-wants-an-end-to-qatar-crisis.

塔尔断交风波，德国愿意推动解决断交风波，同时也会保全各方的“面子”；德外长加布里尔与卡塔尔外交大臣哈立德会谈后表示，德国呼吁沙特等四国解除对卡塔尔的陆海空封锁，通过外交努力解决危机，强调除了与美国合作，德国首先选择与地区国家合作，寻求解除制裁的办法。

俄罗斯也表示愿意进行斡旋但不扮演调停人角色。2017 年 6 月 10 日，卡塔尔外交大臣哈立德访问俄罗斯，与俄罗斯外长拉夫罗夫会见，寻求解决办法。哈立德表示，只有对话才能解决当前争端，认为海合会是实现这一目标的有效平台；拉夫罗夫赞同相互尊重和谈判解决，但强调俄罗斯执行不干涉别国内政或不干涉别国彼此之间双边关系的政策，并希望阿拉伯国家能够团结起来有效地反恐。同日，拉夫罗夫再次表示，俄罗斯愿意在其能力范围内尽一切可能来帮助化解危机。11 日，拉夫罗夫与美国务卿蒂勒森通电话后表示，两国应加强对话，共同解决卡塔尔与海合会的争端。13 日，俄罗斯总统普京与沙特国王萨勒曼通电话，警告说海湾危机可能威胁到叙利亚的和平与反恐努力。7 月 24 日，拉夫罗夫表示，俄罗斯准备帮助协调解决海湾危机。8 月底，拉夫罗夫先后访问科威特、阿联酋、沙特和卡塔尔。其间，俄外长呼吁有关各方直接对话在海合会框架内解决危机，呼吁海合会国家保持团结，并对所有谋求化解危机的努力表示欢迎，强调化解危机必须通过对话和摒弃敌对言论。

（二）中国的立场

不同于美欧的结盟与单边政策，在处理中东热点问题时，中国坚持独立自主的和平外交政策，奉行和平共处五项原则，反对域外国家干涉地区国家事务，支持联合国发挥斡旋主渠道作用，有效推动“一带一路”倡议对接地区各国的发展战略，重视以发展促和平，并努力构建中国与中东所有国家的利益与命运共同体。

作为阿拉伯国家的好朋友、好兄弟和好伙伴，中国对此次海湾危机高度重视，希望双方在区域层面能够尽快在海合会框架下通过协商对话来化解矛盾。

中国重视发挥联合国安理会五大常任理事国的多边磋商机制。危机发生后，在联合国安理会，中国与美国、俄罗斯、英国、法国五大常任理事国及时磋商，一致支持科威特作为协调国来化解海合会的内部争端。科威特埃米尔萨巴赫不负众望，充分发挥科威特在海合会内部有协调外交的历史传统和自身优势，展开穿梭外交，传达各方促和声音，有效阻止海湾危机演化为战争。

同时，中国在双边层面积极做劝和促谈的工作。海湾国家非常重视中国的立场和声音，而中国也充分利用双方高层的互访推动冲突双方重建信任和开展对话。2017 年 7 月 19 日，在阿联酋国务部长苏尔坦访华时，王毅外长表示，海湾保持稳定，海合会维护团结，海湾各国一致反恐，符合地区国家和国际社会的共同利益。中国作为海湾各国的好朋友、好伙伴，希望并相信海湾危机能得到妥善解决。王毅外长就当前海湾危机阐述了中方三点立场：一是支持政治和外交解决大方向，各方应依据国际关系准则行事，切实履行各自承担的国际义务。二是支持在海合会框架内，运用阿拉伯方式化解目前的分歧。坚持互相尊重和不干涉内政的原则。域外国家应为实现和解发挥建设性作用。三是支持各方尽快坐下来对话，相互显示灵活，首先在反对一切形式恐怖主义这个大目标上形成一致，在此基础上，从易到难逐步解决其他分歧。中方相信包括阿联酋在内的有关各方有能力管控好当前局势，有智慧解决好分歧矛盾。中方愿在各方需要时，为缓和海湾局势，促进海湾和平稳定发挥建设性作用。苏尔坦表示，阿方坚持通过政治和外交途径解决分歧，无意干涉卡塔尔及他国内政，不希望紧张局势进一步升级。阿方希望各方就反恐等重大问题达成共识，遵守迄今签署的协议，恪守曾经做出的承诺，翻开海合会国家间关系新的一页。中国是有重要影响力的负责任大国，阿方赞赏中方在处理海湾事务时秉持的客观公正立场，赞同王毅外长提出的三点主张，愿继续同中方保持沟通协调。其后，7 月 20 日，卡塔尔外交大臣穆罕默德访华，王毅外长再次就当前海湾危机阐述中方立场。王毅外长强调，中方赞赏并支持科威特的斡旋努力，呼吁国际社会为支持这一危机在地区层面解决创造必要条件，营造有利环境。穆罕默德表示，卡塔尔高度赞赏、完全赞同中方立场和主张；希望通过谈判对话解决危机，愿在尊重主权、不干涉内政和遵守国际法的前提下，同有关方面开启建设性对话，逐步建立互信，进而从根本上解决分歧；卡方反对一切形式的恐怖主义和极端主义，并已为此采取了必要措施；卡方将继续积极参与国际反恐斗争；中国是有重要影响的大国，卡方赞赏中方在海湾危机中秉持的客观公正立场，愿同中方保持沟通协调，希望中方继续发挥积极作用。

中国的公正客观立场得到海湾国家的充分肯定和赞赏，表示将会认真考虑中方建议，寻求对话并在海合会框架内解决双方的分歧和矛盾。总之，中国为管控海湾局势恶化和化解这场危机展现出了应有的大国担当。

四、断交风波化解的前景

面对沙特的持续断交压力，卡塔尔积极寻求美欧、科威特、伊朗与土耳其等利益相关方的支持。尽管国际社会普遍希望此次危机能够在海合会框架下尽快得到解决，但由于断交双方的期望值还有较大距离，化解此次危机与海湾地区拨云见日尚需时日。

从目前局势推演，断交风波的后续演变主要有四种可能：(1) 双方尽弃前嫌，和好如初并恢复正常关系，卡塔尔重返阿拉伯大家庭。这种可能性最小，因为卡塔尔丝毫没有接受沙特等四国的复交条件，无论是13条要求还是6条建议，卡塔尔都以主权独立为由予以拒绝，同时明确表示卡塔尔在反恐标准认知上与沙特等四国有分歧。而沙特等四国继续保持对卡塔尔的高压态势，似有不达目的誓不罢休之势。沙特等四国强调愿在海合会框架内解决双方分歧，接受科威特继续发挥调解作用，谴责卡塔尔企图把危机国际化，强调化解危机的前提是卡塔尔必须接受四国的有关条件和要求。(2) 僵局继续并久拖不决，后果不可预料。可沙盘推演如下一种情形：沙特与阿联酋结成新的轴心，海合会解体，随着制裁延续，卡塔尔可能与土耳其和伊朗进一步走近，而沙特、阿联酋等联手以色列，与伊朗和土耳其的矛盾逐渐升级，不排除突发军事冲突或政权更迭，双方形成新的两大阵营，新的战争无法避免并严重冲击国际能源市场，引发新的人道主义灾难。这是国际社会不愿意看到的一种情景。(3) 如果矛盾继续升级甚或发生军事冲突，联合国将不得不出面干预。在联合国斡旋下，冲突双方寻求政治和外交解决之路。但是，由于美国的任性单边行为，联合国的集体行动屡遭破坏和失败。(4) 冲突双方都寻求美国的保护与调停。可推演如下：在美国“盟主”的促和与安全保护下，沙特等四国与卡塔尔相互妥协，与美共同发表三方声明，包括承诺执行美国-海合会峰会及美国-阿拉伯-伊斯兰峰会协议，互不干涉内政，共同反恐和打击伊朗，卡塔尔停止与土耳其的军事合作协议，同时沙特等四国逐步恢复与卡塔尔的陆海空联系直至恢复正常关系。这种判断具有较大的可能性，它既维护了海合会架构，又维护了彼此的尊严，也符合三方的共同需要和利益。

综上，卡塔尔断交风波不是阿拉伯国家内部的一场“独幕剧”或“茶壶里的风暴”，其背后有着各种复杂的因素，并与域内外国家的地缘政治博弈交织在一起，给地区局势发展带来许多不确定影响。海湾局势究竟如何演进还需要继续观察。

“伊斯兰国”阴魂不散

“伊斯兰国”阴魂不散

中国国际问题研究院发展中国家研究所　曾爱平

自 2014 年 8 月以来，在美国和俄罗斯分别领导的两大反恐阵营的共同打击下，“伊斯兰国”恐怖组织在战场上节节败退，遭受重创。截至 2017 年底，“伊斯兰国”在伊拉克和叙利亚建立的“准国家实体”被摧毁，由此开启“后‘伊斯兰国’时代”。从本质上看，“伊斯兰国”是企图恢复最后一个阿拉伯哈里发帝国——阿拔斯王朝（750—1258）的历史荣光，改变地区和国际秩序的产物。然而，由于过于褊狭和极端，“伊斯兰国”与几乎整个世界为敌，最终失道寡助，迅速败亡。尽管如此，“伊斯兰国”秉持的“圣战萨拉菲主义”意识形态历史悠久，具有较为完备的学术、思想和话语体系。“伊斯兰国”或许在军事上会被击败，甚至最终消亡，但它所体现和代表的“圣战萨拉菲主义”很可能会继续存在下去。

一、“伊斯兰国”大本营被剿灭后化整为零

（一）伊拉克和叙利亚核心区被捣毁

2014 年 6 月，阿布·伯克尔·巴格达迪在伊拉克摩苏尔宣布建立“伊斯兰国”，自称“哈里发”，号召全世界穆斯林向他“拜阿”（Bay'a，即宣誓效忠）。“伊斯兰国”的目标是建立一个以伊拉克、叙利亚和阿拉伯半岛为中心，囊括亚非欧三大陆的“哈里发帝国”，并以严苛的伊斯兰教法“治国”。据美国智库兰德公司统计，“伊斯兰国”势力在鼎盛时期在伊拉克控制了 630 万人口（占伊拉克总人口的 19%），58 372 平方公里土地（占伊拉克国土面积的 13%，其中包括拉马迪、费卢杰、摩苏尔、基尔库克、提克里特等大城市），在叙利亚控制了约 330 万人口（占叙利亚总人口的 14%）和 47 497 平方公里领土（占叙利亚国土面积的 25%），并宣布以叙利亚的拉卡市为“首都”①。随后，“伊斯兰国”积极向利比亚、埃及、阿富汗、巴基斯坦、约旦、黎巴嫩、沙特阿拉伯

① 李伟.“伊斯兰国”溃败对国际恐怖主义生态的影响. 现代国际关系，2017（8）.

和也门等地扩张。西亚、北非、中亚、南亚、东南亚、西非和非洲之角等地都有伊斯兰主义组织和个人向“伊斯兰国”宣誓效忠或表达支持。在欧洲、北美和澳大利亚等地，“伊斯兰国”也在众多的穆斯林移民及其后代群体内得到认同和拥护。

由于不承认现行民族国家的主权和边界，“伊斯兰国”与全球所有主权国家为敌。它反对西方国家、反对俄罗斯、反对阿拉伯和伊斯兰国家的世俗政权。除了逊尼派阿拉伯穆斯林以外，“伊斯兰国”视所有的基督徒、犹太教徒、什叶派穆斯林、苏菲派、不信教者、多神论者、偶像崇拜者、无神论者，以及库尔德人、德鲁兹人和雅兹迪人等少数族裔为敌人和“异教徒”。他们均可以成为“伊斯兰国”攻击和杀戮的对象。“伊斯兰国”不仅袭击军警和政府机关，也杀害人质和无辜平民；不仅袭击基督教堂，也袭击清真寺。因此，“伊斯兰国”受到国际社会几乎所有国家的反对。

“伊斯兰国”武装分子

2014 年 8 月和 2015 年 9 月，美国领导的国际联盟和俄罗斯分别开始对“伊斯兰国”在伊拉克和叙利亚的据点进行空袭。美国主要是支持和配合伊拉克政府军、逊尼派和库尔德民兵武装等进行地面进攻。俄罗斯则支持叙利亚政府军和黎巴嫩真主党等什叶派武装发起进攻。伊朗对伊拉克和叙利亚两国什叶派政权和民兵武装也给予了大力支援。在国际社会的联合打击下，“伊斯兰国”自 2016 年起丢城失地，在伊叙所占区域面积日益缩小，主要城市据点尽失。2017 年 7 月，美国支持的伊拉克政府军等在“十月攻城”后夺回摩苏尔；10 月，美国支持的库尔德武装“叙利亚民主军”收复“伊斯兰国”“首都”拉卡。与此同时，俄罗斯和伊朗帮助叙利亚政府军解放了阿勒颇、迈亚丁、代尔祖尔、阿布卡迈勒等城市。摩苏尔和拉卡的沦陷标志着“伊斯兰国”在伊叙两国的大本营被剿灭。“伊斯兰国”不得不撤离所控制的区域，四处逃匿和藏身，图谋“东山再起”。

“伊斯兰国”总部被捣的主要原因是其几乎与整个世界为敌，从而陷入四面楚歌的境地。这种局面实由“伊斯兰国”严格、机械的二元对立世界观所致。“伊斯兰国”认为，全世界只存在“伊斯兰领土”与“非伊斯兰领土”、“伊斯兰之家”与“战争之家”的区分。所有穆斯林均应向“伊斯兰领土”和“伊斯兰之家”迁徙，对“战争之家”和“非伊斯兰领土”发动圣战，直至后者皈依于“伊斯兰之家”为止①。它将人绝对地分为“信士”和“不信道者”，除认同自己对《古兰经》、圣训和伊斯兰教法解释的逊尼派穆斯林以外，秉持其他宗教信仰的教徒、什叶派穆斯林、苏菲派和无神论者都是“异端”，应予以消灭。巴格达迪曾声称，这个世界只存在两大阵营，不存在第三阵营。其中一个是由穆斯林和“圣战”者组成的无处不在的、信仰伊斯兰的阵营；另一个是卡菲尔（不信教者）和“伪善者”的阵营，它是由犹太人、十字军及其同盟以及其他民族和宗教所组成的卡菲尔的联盟，由美国和俄罗斯领导并被犹太人所鼓动②。

（二）保存实力、化整为零

尽管老巢被剿，“伊斯兰国”并非无处藏身。相反，它四处逃生，

① 宛程，杨恕.“伊斯兰国”对中亚地区的安全威胁：迷思还是现实？国际安全研究，2017（1）.

② 刘中民，俞海杰.“伊斯兰国”的极端主义意识形态探析. 西亚非洲，2016（3）.

分散活动，以保存实力，寻找新的发展空间。“伊斯兰国”利用其在世界各地的支持者，发起“不对称抵抗运动”，采取游击战、暗杀、爆炸和简易“圣战”等方式继续显示存在。

1. 西亚北非地区

“伊斯兰国”历任主要军政领导人和思想意识形态专家几乎均来自中东，因此，西亚、北非地区仍将是“伊斯兰国”“火种”的主要保存和储藏地。迄今为止，没有确凿证据表明“伊斯兰国”现任领导人巴格达迪已经死亡。他与先知穆罕默德一样，来自古莱氏部落（或同一家族谱系），因此仍有很大的号召力。他的很多追随者已逃散至伊拉克和叙利亚两国交界处广袤的沙漠中，并可能在先前占据的主要城市中藏匿混迹于民间。在埃及，“耶路撒冷支持者组织”建立了“伊斯兰国西奈省”，不断策划和发起针对埃及军队、政府机构、平民、外国游客和西方国家的袭击事件。它虽然遭到埃及政府的频繁镇压，但尚未消亡。在利比亚，“伊斯兰国”曾控制苏尔特和德尔纳等城市，并在的黎波里、班加西和南部费赞地区拥有一定数量的武装人员；巴格达迪曾将利比亚东部地区划为“伊斯兰国巴恰省”（Wilayat Barqa）；“伊斯兰国”利比亚分支是该组织在伊拉克、叙利亚和埃及西奈半岛之外最大的分支[①]。利比亚东部和埃及西部之间的沙漠地带可能成为“伊斯兰国”的新集结地。突尼斯曾为“伊斯兰国”提供了人数最多的外籍“圣战士”，至少有 3 000 名突尼斯伊斯兰主义者参与了在伊拉克和叙利亚的战争[②]。在也门，“基地”组织阿拉伯半岛分支有部分成员倒向了“伊斯兰国”。“伊斯兰国”也门分支曾多次针对胡塞武装控制的什叶派清真寺发动自杀性袭击。此外，在约旦、沙特阿拉伯、阿尔及利亚、黎巴嫩、巴林和土耳其等国，“伊斯兰国”均有同情者和支持者。

---

① 郭强.“伊斯兰国”在利比亚的扩张初探. 国际研究参考，2016（7）；王晋.“伊斯兰国”组织在利比亚的扩张及其制约因素. 阿拉伯世界研究，2016（3）.

② 黄一洪，朱启超.“伊斯兰国”组织的网络心理战：范式、影响与反制. 中国国际战略评论（2017）. 北京：世界知识出版社，2017.

2. 南亚地区

2015 年 1 月，“伊斯兰国”南亚分支在阿富汗建立，号称“呼罗珊行省”。“辖区”包括巴基斯坦、阿富汗、伊朗、中亚、南亚和中国新疆地区。这是“伊斯兰国”在中东以外建立的第一个“行省”，可见阿富汗在“伊斯兰国”全球战略中的重要地位①。“呼罗珊”对“伊斯兰国”而言具有重要的战争隐喻。后者经常援引中世纪教法学家伊本·马贾整理的一则《圣训》以激励圣战者的士气。它说，“从东方会升起黑旗，会以前所未有的方式杀死你。如果你看到了从呼罗珊来的黑旗，要排除万难加入那支军队，因为这是马赫迪（救世主）哈里发的军队，它会长驱直入到耶路撒冷，无人可挡”②。此外，巴基斯坦塔利班曾向“伊斯兰国”宣誓效忠，称愿意助其建立全球性“哈里发国”③。在阿富汗，“伊斯兰国”主要在楠格哈尔省、法拉省和赫尔曼德省拥有影响力。2019 年 8 月 17 日，“伊斯兰国”在喀布尔制造恐怖事件，造成 60 多人遇难。此外，孟加拉国和印度也是“伊斯兰国”在南亚渗透的重要目标。一些支持者受“伊斯兰国”宣传影响“自我激进化”，也制造了多起恐袭事件。

3. 中亚地区

乌兹别克斯坦、塔吉克斯坦、土库曼斯坦等中亚五国均有成员前往叙利亚和伊拉克加入“伊斯兰国”参战。“乌兹别克斯坦伊斯兰运动”曾宣誓效忠于“伊斯兰国”。该国其他反政府武装，如“卡基巴特-布哈里伊玛目”、萨波利斯社团、乌玛鲁·什沙尼、萨伊弗拉赫团伙等都参与过“伊斯兰国”的活动④。塔吉克斯坦内务部特警部队原司令古尔穆

---

① 魏亮．“伊斯兰国”在阿富汗的发展和局限．当代世界，2017（6）.

② 殷之光．伊斯兰的瓦哈比化：“ISIS”的不平等根源与世界秩序危机．文化纵横，2015（1）.

③ 宛程，杨恕．“伊斯兰国”对中亚地区的安全威胁：迷思还是现实？国际安全研究，2017（1）.

④ 苏畅．“伊斯兰国”在中亚的势力延伸：现实梳理与可能性评估．俄罗斯学刊，2017（3）.

罗德·哈利莫夫于2015年4月加入“伊斯兰国”，并一度成为该组织的“战争部长”，后被俄罗斯空袭身亡。在吉尔吉斯斯坦，伊玛目拉索德·卡马洛夫曾为“伊斯兰国”造势，煽动本国青年加入“伊斯兰国”，前往叙利亚作战①。吉国南部地区族际关系紧张，失业人口众多，毒品泛滥，社会治安形势严峻，费尔干纳谷地可能成为中亚“伊斯兰国”恐怖主义的策源地②。为了配合“伊斯兰国”的思想传播和人员招募，“伊斯兰国”驻中亚分支机构“马维兰纳赫尔”活跃于吉尔吉斯斯坦和乌兹别克斯坦两国边境地带③。

4. 东南亚地区

在叙利亚战场上，来自东南亚的“圣战士”曾组成“马来群岛战斗小组”，参加“伊斯兰国”的作战任务。马来西亚、印度尼西亚、新加坡、菲律宾和泰国等均有“伊斯兰国”的同情者和支持者。在菲律宾，“邦萨摩洛伊斯兰自由战士”“穆特组织”“阿布沙耶夫武装”曾向“伊斯兰国”宣誓效忠，建立“菲律宾哈里发省”，并于2017年协助或参与袭击了菲律宾南部棉兰老岛、马尼拉和马拉维等城市。在印度尼西亚，“伊斯兰祈祷团”和“东印尼真主战士”等诸多伊斯兰反叛组织也宣布支持“伊斯兰国”④。泰国南部的伊斯兰极端组织“北大年联合解放阵线”、马来西亚的“马来西亚圣战组织”和“伊斯兰青年运动”与“伊斯兰国”有千丝万缕的联系。它们均以“伊斯兰国”为榜样。

5. 欧美国家及其他地区

在欧美，很多穆斯林移民或其后代无法融入西方主流社会，生活在

---

①② 苏畅. “伊斯兰国”在中亚的势力延伸：现实梳理与可能性评估. 俄罗斯学刊，2017（3）.

③ 季澄. “伊斯兰国”向中亚渗透. 中国国防报，2018-01-03.

④ 卢光盛，周洪旭. “伊斯兰国”对东南亚的渗透：态势、影响及应对. 南洋问题研究，2017（3）.

社会的最底层，饱受歧视、不公和边缘化境遇。他们很容易受到“伊斯兰国”的蛊惑宣传，发起“独狼式”恐袭支持“圣战”，以成就一番“伟大事业”。2015 年以来，法国、比利时、德国、英国、美国、瑞典、西班牙和俄罗斯等国首都或其他城市纷纷出现受“伊斯兰国”影响的地铁爆炸、皮卡车冲撞和自杀式炸弹袭击等事件。这充分表明，“伊斯兰国”在西方国家拥有众多潜在支持者和“沉睡细胞”，后者的受挫感和报复心理随时可能被激发，危害社会秩序和公共安全。在西部非洲，活跃于尼日利亚、尼日尔、喀麦隆和乍得等国的“博科圣地”组织于 2015 年 3 月向巴格达迪宣誓效忠，宣布建立“伊斯兰国西非省”。在非洲之角地区，“索马里青年党”部分成员倒向“伊斯兰国”，打破了“基地”组织对东部非洲和非洲之角“圣战运动”的长期垄断。在车臣，伊斯兰武装“迁徙者支持军”效忠“伊斯兰国”，宣称自身为“伊斯兰哈里发帝国”的组成部分。

从上可见，“伊斯兰国”在世界各地仍有广泛的支持网络。只要条件和时机成熟，“伊斯兰国”的支持者或分支机构仍有可能发起形式多样的恐怖袭击活动。

二、“伊斯兰国”阴魂不散的原因

只要导致恐怖主义组织出现的内外因素不变，“伊斯兰国”及其变种就有顽强的生命力，或将反复出现。

（一）西方对中东的霸权和侵略政策难以根本改变

第一次世界大战以来，欧美在中东地区的霸权主义和强权政治令广大穆斯林感到屈辱、绝望和愤怒。“伊斯兰国”利用了中东民众对伊斯兰世界自近代以来所遭受的耻辱和强烈不满，称自身使命是要与西方文明进行一场战争，打破强加于穆斯林身上的枷锁和桎梏，消灭 1916 年 5

月《塞克斯-皮科特协定》所划定的伊拉克与叙利亚边界，建立一个"纯净的泛伊斯兰国家"；它在"建国"宣言中明确提出，要"摒弃那黑暗的过去，拂去那耻辱的尘埃，在混乱和绝望的中东之地，一个崭新的哈里发国家将重新降临"①。冷战结束后，美国成为全球唯一的超级大国，野蛮干涉中东国家内政，不断在中东地区介入或发起战争。1990年，伊拉克侵入科威特之后，美国发动了第一次海湾战争。它在沙特阿拉伯等海湾国家部署了数十万兵力，并在战争结束后长期保留驻军。穆斯林世界逐渐认为，美国已成为一个占领国，从而滋养了20世纪90年代"基地"组织的成长，并最终激发了"9·11"袭击②。因此，2003年美国入侵伊拉克是"伊斯兰国"出现和崛起的直接诱因。具体而言，伊拉克萨达姆政权被推翻后，很多萨达姆时期的军官和情报人员都加入了"伊斯兰国"或其前身"基地"组织伊拉克分支和"伊拉克伊斯兰国"，成为抵抗美西方侵略和占领的骨干力量。2007—2008年，美国在伊拉克的驻军规模达15万～20万人，以加强对反美叛乱的镇压③。2011年起，美国开始从伊拉克撤军，但却卷入了"阿拉伯之春"，参与或领导了推翻利比亚和叙利亚等国政权的运动。这给"伊斯兰国"崛起提供了政治和领土空间。尽管"伊斯兰国"以高度宗教性的术语来界定自己，但它首先是许多穆斯林对美国军事干涉中东的一种回应和表达④。因而美国在军事上介入中东和穆斯林世界，非但不能解决恐怖主义问题，反而导致中东安全形势更加恶化，使恐怖主义成为更加严重的威胁；动用军队打击恐怖主义，这种做法产生的恐怖分子比其击毙的更多⑤。目前，美国对中东地区的霸权和干预政策未有根本改变的迹象。只要美国继续深陷中东地区的动乱与冲突，反美反西方的"恐怖组织"和"恐怖行径"就会不断出现。

---

① 赵文亮，贾龙阳．"伊斯兰国"兴起的多因性探析．山东师范大学学报（人文社科版），2017（3）．

②④ 弗林特·莱弗里特，希拉里·莱弗里特．（误）解"伊斯兰国"//王缉思．中国国际战略评论（2015）．北京：世界知识出版社，2015．

③⑤ 徐寅．后"伊斯兰国"时代，美国反恐将何去何从．现代军事，2017（5）．

（二）“圣战萨拉菲主义”意识形态根深蒂固

“伊斯兰国”的核心意识形态是“圣战萨拉菲主义”[①]。该思想具有深厚的历史渊源。它认为所有逊尼派教徒，特别是青年都有义务参加伊斯兰“圣战”，建立横跨整个世界的帝国。“萨拉菲”（Salafi）是指以“萨拉夫”（Salaf）为榜样来生活和组织社会的逊尼派穆斯林，而“萨拉夫”在阿拉伯语中意为“祖先”；在宗教语境中，“萨拉夫”特指先知穆罕默德和前三代穆斯林[②]。先知穆罕默德和前三代穆斯林时期被全世界广大穆斯林视作伊斯兰史上的黄金时代。所有的“萨拉菲主义”都主张复古和尊祖，以回到那个“伊斯兰原初三代”，恢复穆斯林社会的纯洁、强大和辉煌[③]。因此，“萨拉菲主义者”均主张严格遵守《古兰经》和“逊乃”（圣训），要求按照字面意思来解释经训原文和教法典籍，特别强调净化信仰和尊经崇圣，从而返回伊斯兰的原初教旨中，以复兴伊斯兰社会。在发展演变过程中，一部分“萨拉菲主义者”开始走向褊狭与极端，日益激进。这种伊斯兰激进主义可以追溯至14世纪伊斯兰学者伊本·泰米叶（1263—1368）的“萨拉菲思想”。他是“圣战萨拉菲派”的奠基者和鼻祖，一是主张定判，即判定不遵守本派教义的穆斯林叛教；二是主张“圣战”，即向悖信者和叛教统治者发动战争[④]。18世纪中叶，阿拉伯半岛内志地区伊斯兰学者穆罕默德·阿卜杜·瓦哈卜（1703—1792）继承了伊本·泰米叶的思想，并更加激进地阐释了“圣战萨拉菲主义”的核心信条。他积极鼓吹针对“异教徒”的“圣战”，认为所有什叶派穆斯林都是“不信教者”，应对其进行“塔克菲尔”（Takfir，定判）[⑤]。瓦哈比主义是近代“圣战萨拉菲主义”的先驱，为沙特家族反抗奥斯曼土耳其

---

①⑤ 刘中民，俞海杰．“伊斯兰国”的极端主义意识形态探析．西亚非洲，2016（3）．

② 弗林特·莱弗里特，希拉里·莱弗里特．（误）解“伊斯兰国”//王缉思．中国国际战略评论（2015）．北京：世界知识出版社，2015．

③ 殷之光．伊斯兰的瓦哈比化：“ISIS”的不平等根源与世界秩序危机．文化纵横，2015（1）；丁隆．“圣战世界”的暴力逻辑．世界知识，2015（5）；田文林．绝望中的反抗：“伊斯兰国”兴衰探源．经济导刊，2016（8）．

④ 丁隆．“圣战世界”的暴力逻辑．世界知识，2015（5）．

帝国统治、建立沙特王国的运动提供了合法性支持。当代“圣战萨拉菲主义”的发源地主要在埃及和沙特阿拉伯。埃及穆斯林兄弟会思想家赛义德·库特卜深受欧洲左派革命思想的影响，提出“人治”的蒙昧时代和“真主法度”的“伊斯兰国家”等理念；他认为伊斯兰国家的世俗统治者失去了宗教合法性，穆斯林有义务暴力反抗非伊斯兰政权，以恢复“真主主权”；受其影响，埃及伊斯兰主义者阿卜杜·萨拉姆·法拉吉将“圣战”提升为伊斯兰教的“第六项功修”①。当代沙特阿拉伯王国自1932年建立以来，沙特家族一直在国内和整个穆斯林世界推广“瓦哈比”版本的“萨拉菲派伊斯兰”。“基地”组织和“伊斯兰国”在形成阶段均得到沙特重大支持；几乎可以肯定，它们至今还在继续受到王国内部的支持②。从上可见，“圣战萨拉菲主义”思想一直得到伊斯兰主义者的继承和发扬，从而为“伊斯兰国”以及其他类似组织提供了源源不断的叙事话语和精神资源。

（三）中东地缘政治格局难以改变

“伊斯兰国”除了反美反西方以外，还主要反对伊朗和什叶派穆斯林。“圣战萨拉菲主义”的历代伊斯兰学者，如伊本·泰米叶和穆罕默德·阿卜杜·瓦哈卜等均对什叶派穆斯林持敌视态度，认为什叶派是“离经叛道者”“偶像崇拜者”“异教徒”③。在阿布·穆萨布·扎卡维领导“伊斯兰国”前身——“基地”组织伊拉克分支时期，他认为，什叶派是逊尼派最危险、最迫近的敌人，其威胁和破坏作用甚至大于美国，因为十字军占领者将在不久的将来消失，但什叶派在中东将长期存在④。2006年，扎卡维被美军空袭击毙后，其继任者阿布·奥马尔·巴格达迪称，“伊斯兰国”将首先对付什叶派，然后对付沙特王国及其支持者，最后才是十字军及其基地⑤。这些思想反映了中东地区逊尼派与

①④⑤ 刘中民，俞海杰. “伊斯兰国”的极端主义意识形态探析. 西亚非洲，2016（3）.

② 弗林特·莱弗里特，希拉里·莱弗里特.（误）解“伊斯兰国”//王缉思. 中国国际战略评论（2015）. 北京：世界知识出版社，2015.

③ 于卫青. 伊朗应对“伊斯兰国”组织的政策探析. 阿拉伯世界研究，2017（7）.

什叶派之间长久以来的结构性矛盾和对抗。在美国推翻阿富汗塔利班和伊拉克萨达姆政权之后，伊朗的地缘政治环境大为改善，客观上便利了以伊朗为首的什叶派阵营势力的扩张。伊拉克和叙利亚都是什叶派掌握政权，什叶派政党和武装真主党在黎巴嫩政治中又占据举足轻重的地位。在巴林，什叶派穆斯林占人口的绝大多数。什叶派还在其他海湾阿拉伯国家、阿富汗和中亚地区有重大影响力。这使得以沙特为首的逊尼派阿拉伯国家极为不安，指责伊朗在背后支持各国的什叶派势力，并深恐伊朗扩大地缘政治影响力。因此，自 2011 年“阿拉伯之春”以来，沙特等逊尼派阿拉伯国家加大了对伊拉克和叙利亚等国境内逊尼派武装力量的支持，其中一部分流向了“伊斯兰国”。在中东地区，只要以沙特为代表的逊尼派阿拉伯国家和以伊朗为首的什叶派国家的根本矛盾和对立不缓和，“伊斯兰国”及其他类似组织就会受益于这种地缘政治结构，获得生存和发展空间。

（四）众多阿拉伯国家转型艰难，内部局势继续动荡

战争和动乱一贯是极端主义和恐怖主义滋生的温床。有关阿拉伯国家远未走出 2011 年“阿拉伯之春”以来的困境，转型进程一直不顺。伊拉克、叙利亚、利比亚和也门等国仍处于严重动荡之中，教派、族群或部落矛盾异常尖锐。突尼斯和埃及等国内部局势依然不稳定，世俗和宗教势力博弈与斗争激烈。约旦、黎巴嫩和沙特等国暗藏不稳定的潜流，随时可能生乱。在广大的阿拉伯世界，政治腐败与不公、经济凋敝、贫富分化悬殊和青年失业率高企等，都为“伊斯兰国”等极端主义组织的兴起提供了社会土壤。在公共权威缺失和社会无序的地方，“伊斯兰国”等组织为脆弱群体或个体提供庇护和归宿，赢得支持者的忠诚，从而有可能继续坐大。

三、中国的立场

中国认为，恐怖主义与特定的宗教和族群无关。它是人类文明的毒

瘤和公敌，是国际社会面临的最严峻和最急迫的安全挑战之一。面对恐怖主义威胁，任何国家都不可能独善其身。中国坚决反对并依法打击任何形式的恐怖主义，主张充分发挥联合国在打击恐怖主义中的主导作用。各国应按照《联合国宪章》宗旨、原则以及其他公认的国际关系基本准则，加强反恐合作。全世界要携起手来，进行切实的国际合作，结成反恐统一战线。中国愿意开展反恐国际交流与合作，共同维护各地区和世界的和平与稳定。中国主张，打击恐怖主义要多种手段并用，注重标本兼治。恐怖主义不可能仅通过军事手段、动用武力加以解决。各国反恐应致力于消除恐怖主义产生的政治、经济和社会根源，也应该摒弃国际关系中的霸权主义和强权政治行径。实现社会公平正义、改善全球治理是反恐的重要路径，而发展是解决诸多问题和矛盾的良方。阿拉伯世界等发展中国家的内部矛盾和问题，应通过大力改革、释放发展潜力、公平分配经济发展的成果等途径予以妥善解决。中国反对有关国家在打击恐怖主义过程中实施双重标准。中国也是恐怖主义的受害者。国际上总有一些势力用有色眼镜和双重标准看待中国反恐。这不仅有违道义，使反恐的正义性受到质疑，还会助长恐怖主义势力的气焰，对国际反恐大局产生负面影响。

中国始终支持联合国安理会关于打击“伊斯兰国”等恐怖组织的相关决议，呼吁各国认真执行安理会决议，切断“伊斯兰国”从外界获得人员、武器和资金支持的渠道，遏制恐怖主义的进一步蔓延，维护中东地区与世界和平稳定。在解决已持续多年的叙利亚危机问题上，中国认为，政治解决是唯一正确选择，军事手段没有任何出路。中国反对在叙利亚问题上动辄使用武力，坚持在对话和谈判基础上推进该国政治和平进程。中国主张，应尊重叙利亚主权、独立和领土完整，应由叙利亚人民自主决定本国前途，通过“叙人所有和叙人主导”的政治进程，找到符合叙利亚各方立场、兼顾各方关切的解决方案；联合国应发挥斡旋主渠道作用，尽快推动政治

> 中国认为，解决叙利亚危机问题，政治解决是唯一正确选择，军事手段没有任何出路。中国反对在叙利亚问题上动辄使用武力，坚持在对话和谈判基础上推进该国政治和平进程。

进程取得进展；应切实履行停火协议，避免产生新的冲突爆发点；反恐与停火并行不悖，国际社会应继续统一标准，坚决打击所有安理会列名的极端恐怖组织，严防恐怖分子四散回流；国际社会应相向而行，形成合力；支持阿斯塔纳对话会、索契叙利亚全国对话会议等机制平台，其成果应为日内瓦和谈增添动力；国际社会还应继续向叙利亚人民提供人道主义援助，积极支持叙利亚重建进程；等等。

四、反恐依然任重道远

综上所述，“伊斯兰国”试图继承和复兴阿拉伯半岛上的最后一个阿拉伯哈里发帝国——阿拔斯王朝①。虽然它不太可能实现“哈里发帝国”的梦想，但其负面影响在短期内也难以消除。这是一场中心在伊拉克和叙利亚，但其触角已伸向世界各地的恐怖主义运动。它的军事活动和扩张势头在国际社会的联合打压之下已经得到有效遏制，但它的叙事话语和意识形态将长久地烙在支持者的脑海里。“伊斯兰国”在世界各地的分支机构及其支持者仍将伺机而动，开展各种形式的恐怖袭击。只要西方国家不改变其中东政策，中东地区的地缘政治格局不发生根本性变化，以及有关阿拉伯国家的政治转型不成功，“伊斯兰国”和其他类似组织就仍将从“圣战萨拉菲主义”的意识形态和叙事话语中吸取养分和精神资源，继续发动反对“不公正”“不合理”秩序的“全球圣战”。国际社会和中东国家应致力于消除“伊斯兰国”产生的政治、经济和社会根源，铲除“圣战萨拉菲主义”传播和发扬的社会土壤。这注定将是一场异常持久的战争。

应当看到，“伊斯兰国”有其内在脆弱性。它狭隘、偏执和极端，处处树敌，从而难以成功。“圣战萨拉菲主义”意识形态的大本营和源头在西亚北非地区。在中亚、南亚和东南亚等地区，“圣战萨拉菲主义”

---

① 李捷，杨恕．“伊斯兰国”的意识形态：叙事结构及影响．社会科学文摘，2016（2）．

虽能赢得一些同情者和支持者，但很难拥有广泛的社会基础。伊斯兰教在中亚有独特的发展经历，一方面中亚穆斯林以信奉苏菲主义和逊尼派哈乃斐教法学派为主，很难接受瓦哈比主义中的极端思想；另一方面，在苏联统治时期，中亚曾经历长期的“去伊斯兰化”进程，出现了伊斯兰文化断层现象，这也不利于“圣战萨拉菲主义”在中亚的传播落地①。此外，中亚穆斯林还日益受到伊朗什叶派的影响②。在南亚，阿富汗约有80%的人口信奉温和的伊斯兰哈乃斐教法学派，并深受苏菲主义影响，崇尚宽容、慈善的卡迪尔教团思想，崇拜苏菲圣地；在抵抗苏联侵略和长期内战中，瓦哈比主义在阿富汗虽有传播，但大多数阿富汗人将其看作异端，难以接受；“伊斯兰国”宣扬的“圣战萨拉菲主义”极端思想，对持宗教包容态度的阿富汗民众吸引力很小③。在东南亚，绝大多数穆斯林信奉逊尼派沙斐仪派，教法学派的不同使“伊斯兰国”在东南亚的渗透缺乏广泛的宗教认知基础④。因此，“伊斯兰国”主要是在中东地区活动，客观看待它在世界各地的影响力有助于国际社会和有关国家采取更加精准而有效的应对措施。当然，其他恐怖组织在“伊斯兰国”处于鼎盛时，会通过效忠后者来借势发展；当“伊斯兰国”处于衰微时，其他恐怖组织也不会自然消失。从这个角度来看，打击“伊斯兰国”并非一场孤立斗争，而是对整个国际反恐运动的走向有着重大影响。此外，“伊斯兰国”并不代表真正的伊斯兰教，而是对后者的歪曲和错误阐释。伊斯兰教在一千四百多年的漫长历史中，积累了丰富的仁爱、中正和宽容思想。这些思想在抵御激进主义和极端主义的斗争中可以发挥积极作用。“伊斯兰国”及其秉持的“圣战萨拉菲主义”本身，并不能给伊斯兰世界提供发展和富强的良方⑤。

---

① 宛程，杨恕．“伊斯兰国”对中亚地区的安全威胁：迷思还是现实？国际安全研究，2017（1）.

② 苏畅．“伊斯兰国”在中亚的势力延伸：现实梳理与可能性评估．俄罗斯学刊，2017（3）.

③ 畅红．“伊斯兰国”在阿富汗的渗透及其前景．现代国际关系，2017（4）.

④ 沈燕青．“伊斯兰国”在印尼的渗透、扩张及印尼政府的应对．东南亚南亚研究，2017（3）.

⑤ 丁隆．“圣战世界”的暴力逻辑．世界知识，2015（5）.

Opinion of China in the New **Era**

也门和平路在何方

也门和平路在何方

中国国际问题研究院发展中国家研究所　谷　宁

2015 年 3 月至今，也门战乱已延宕 4 年有余。这期间，也门国内人道主义危机加重，饥馑荐臻、霍乱蔓延；联合国劝和促谈努力持续，但各方僵持不下，难达共识；包括中国在内的世界各国加大援助力度，却力有不逮、杯水车薪。2017 年底，萨利赫与胡塞武装的同盟破裂，更被后者截杀于逃亡途中。之后短时间内，各政治及武装派别争夺趋于白热化。展望未来，也门实现稳定的前景仍然晦暗不明，由治到乱的难度极大。

一、也门各派加速分化重组

2011 年以来，也门经历了国内政治动荡恶化为内战，内战又逐步演变成地区大国介入的代理人战争这一悲剧历程。失衡的权力天平引发一轮又一轮恶斗，国家持续动荡，人民深陷苦难。

（一）也门乱局沿革

2015 年 3 月 26 日，沙特领导的十国联军对也门胡塞武装发动代号为“决心风暴”的军事行动，标志着也门乱局从国内斗争升级为地区冲突。以此为界，延宕多年的也门之乱可被粗略分为前后两个阶段：

第一阶段，2011 年至 2015 年 3 月，也门政权更迭并滑向内战。自 2011 年初起，在突尼斯、埃及政局剧变影响下，也门民众因不满物价飞涨、失业率高企、政府腐败和贫富悬殊等问题，进行反政府示威游行，要求萨利赫总统下台。后经海合会、联合国等积极斡旋，特别是在沙特和美国的重压下，萨利赫被迫签署海合会倡议及其实施机制，将总统权限移交给副总统哈迪。2012 年 2 月 21 日，也门举行总统选举，哈迪作为唯一候选人当选新一任总统，随后开启为期两年的政治过渡阶段。2013 年 3 月 18 日，全国对话会议启动。2014 年 1 月 25 日，全国对话会议闭幕并通过《成果文件》，根据各派达成的共识，过渡期延长一年。然而，在推翻萨利赫、组建新政权的过程中，曾发挥重要作用的胡塞组织的政治要求未能获得满足。2014 年 8 月，其以反对政府提高燃油价格为由，借势民怨，发动大规模游行示威，并于 9 月 19 日起围攻首都萨那。2015 年 1 月，胡塞组织武装攻占总统府等地，总统哈迪和总理巴哈赫双双辞职，哈迪随后迁至南部城市亚丁。3 月 25 日，哈迪被迫出逃并流亡沙特。

第二阶段从 2015 年 3 月 26 日至今，也门战乱升级并形成僵持。沙特领导的联军军事介入后，也门战场基本上形成两派势力对垒的局面。一方以拥护哈迪的政府军为地面力量，由沙特联军进行空中打击和支援，同时有美英等国的武器援助与情报支持。不仅如此，“沙特还以金钱开道，拉拢了原议会反对党‘伊斯兰改革集团’（前身是穆兄会也门分支）、‘萨拉菲主义者’、逊尼派部落武装、‘南方分离运动’甚至‘基地’组织阿拉伯半岛分支等极端组织，组成松散的反胡塞联盟”①。另一方则是由效忠萨利赫的武装力量与胡塞武装共同结成暂时性利益组合，背后则有来自伊朗的“唯一公开政治支持”。战事初期，在绝对制空权的掩护下，沙特联军帮助哈迪迅速收复南部失地，占领亚丁等主要海港城市，逐渐扭转颓势，并迫使萨利赫-胡塞武装联盟北退。2015 年 4 月 21 日，沙特宣布“决心风暴”行动已达成既定目标，包括摧毁胡塞武装全部重型武器，消除了它对沙特阿拉伯及其邻国的威胁。下一步将进行“恢复希望”行动，重点为反恐、推动也门问题的政治解决进程等②。但之后的战事显示，联军难在胡塞大本营的也门北部地区孤军深入，无法对其形成致命一击，而只能依靠空袭和封锁维持威慑，自然就更无法逼迫胡塞武装坐上谈判桌，遑论“恢复希望”。三年多过后，战线仍基本沿 1990 年南北也门统一之前的分界线犬牙交错地展开，战况陷入僵持。

---

① 李亚男．“后萨利赫时代”，也门往何处去．世界知识，2018（1）．

② 韩晓明，陈宗伦．沙特停止空袭胡塞武装，将开展“恢复希望”行动．(2015-04-23)．http://world.huanqiu.com/exclusive/2015-04/6261666.html.

（二）“后萨利赫时代”各方争夺加剧

战事胶着倒逼也门内外势力寻找破局之道，“离间”与“背叛”的戏码不断上演，加剧了两派阵营的内部脆弱性。2017 年以来，各势力分化重组加速，过程更常伴血腥暴力，弱化了和谈和解基础。

胡塞武装

其中，影响最深远的变化当属萨利赫与胡塞组织反目，终被胡塞武装截杀于逃亡途中。萨利赫是现代也门的统一者和缔造者，自 1978 年起掌权长达 33 年之久。他善于弄权，游走于也门各大部落势力之间，是“在蛇头上跳舞”的“也门之狐”；他的家族把控国家经济命脉，腐败丛生致经济社会发展倒退，是也门国贫民穷的主要病根。2011 年他签署海合会倡议，以和平移交权力换得司法豁免并保留部分亲信部队。但他不甘就此淡出，一直伺机而动，意欲重握权柄。2014 年，他借胡塞组织与政府爆发冲突之机，与胡塞武装结盟，助其拿下首都萨那，兵锋直抵南部重镇亚丁。2015 年 3 月沙特联军强势介入后，他又秘密与沙特接触，寻找合适时机以和谈换取权力。

当然，萨利赫利用胡塞组织谋权，胡塞组织又何尝不是利用萨利赫抗敌。二者一时联合的利益基础脆弱异常。胡塞组织本就与萨利赫有累累血仇，其在前身“青年信仰者组织”时期的主要领导者侯赛因·胡塞即是在萨利赫政府军的围剿中遇袭身死①。此番短暂联合，更对萨利赫提防限制：在首都萨那与效忠萨利赫的武装表面上分区布防，实则相互对峙，并时刻保持对萨利赫居所的盯防监控。双方还在权力分配、部队占领地区划界、占领区治理和对未来局势的看法上矛盾重重，无法调和。

这些矛盾在2017年之后快速升温。11月，双方在萨那爆发大规模武装冲突；12月2日，与沙特暗通曲款多时的萨利赫公开宣布与胡塞武装决裂，并表示已准备好开启与沙特联军关系的“新篇章”。胡塞武装自然不容“背叛”，炮击萨利赫官邸，迫其举家出逃并于半途截杀。至此，又一位中东“强人”悲惨谢幕，也门进入了“后萨利赫时代”。

但是，萨利赫身死并没有带来战局的急转直下，同一时期，反胡塞联盟内部的裂痕也在不断扩大，甚至濒临解体。事实上，沙特领导的十国联军从最初就未必心齐，初次军事行动中，埃及和巴基斯坦两国均宣称参与却并未实际派兵。随着战事延宕，各国对哈迪政府信心走弱，观望甚至谋求实际退出的态度明显。目前只有沙特和阿联酋仍在强撑，且两国的主要目标已大相径庭：后者主要谋求在也门有效反恐，也早于2016年6月即宣布结束在也门境内打击胡塞武装的行动②。不再团结的联军之外，还有拥兵自重、谋求割据的南部逊尼派部落，坐收渔利、趁乱坐大的“基地”组织阿拉伯半岛分支，举步不前、转向观望的伊斯兰改革集团等等，这些力量早已不受哈迪甚至沙特节制，成了待价而沽的“各路诸侯”。这其中最突出的当属受阿

① 郭强. 也门什叶派胡塞武装组织. 国际研究参考，2015（1）.

② 俄罗斯卫星通讯社. 阿联酋宣布结束在也门境内打击胡塞武装的行动.（2016-06-16）. http://sputniknews.cn/military/201606161019693866.

联酋支持，已与哈迪政府军兵戎相见的“南方分离运动”[①]。“南方分离运动”的政治目标本就是实现南部也门的独立，在胡塞武装大兵压境时，可与哈迪形成联盟共谋反击；如今南北也门再次军事割据对峙，“南方分离运动”自然也不希望有统一、强大的世俗中央政府出现，便借哈迪政府腐败和治理无方，掀起反抗大旗，力图军事控制亚丁等南部重镇，谋求事实独立。

纷乱的势力版图，僵持的战局，难以妥协的各方诉求——也门局势正滑向另一个灾难轮回。

2018 年 7 月，也门政府军攻入荷台达市

① “南方分离运动”或称“南方运动”专指发端于也门南部并代表南方分离势力的一个政治运动及附属准军事组织。它成型于 2007 年并日益强大，以追求从也门共和国脱离并恢复南也门独立为政治目标。现代也门共和国于 1990 年统一后，南北矛盾未能得到有效缓解，并于 1994 年爆发短暂内战。之后，国家虽重归统一，南方分离主义也暂被压制，但民众的不满远未消失。2006 年，萨利赫政府对南方地区的掠夺性打压政策促使长期不和的西南部和中南部地区实现和解，共同代表南方利益。2007 年，为了反对政府推行的“强制退休”计划——该计划主要针对南部出身的军人和公务员，亚丁协调委员会宣布在 5 月 21 日举行民众静坐活动，这一事件促成了“南方运动”的出现。2011 年也门政局动荡后，“南方分离运动”谋求独立的活动加强；2015 年，“南方分离运动”和哈迪政府结盟共抗胡塞武装；2017 年 4 月，“南方分离运动”宣布成立“南方过渡委员会”（SCT），同时整编其附属武装，意与哈迪政府分庭抗礼。2018 年 1 月，“南方过渡委员会”武装在亚丁与哈迪政府军爆发冲突，并占领城市主要机构。

二、沙特领导的多国联军骑虎难下

沙特领导的多国联军强势介入也门并取得一时进展的喜悦，迅速在战事长期僵持、战损不断加大的窘境中消磨殆尽。在也门扶持亲沙特政权的战术目标，以及打破伊朗包围的战略目标，如今都很难实现。如何“体面退出”已成为沙特最现实且迫切的诉求。

（一）沙特出兵的内外动因

十国联军中，目前只剩沙特继续坚持在也门境内用兵。这虽属进退两难下的无奈之举，却也反映了沙特拉起联盟、军事介入也门并非一时兴起，而是有着强烈的内外动因。

从外部原因看，首先，也门地理位置极具战略价值：也门位于阿拉伯半岛西南端，北与沙特接壤，南濒阿拉伯海和亚丁湾，东临阿曼苏丹国，西临红海，扼曼德海峡。因此，沙特对这一南方近邻的任何风吹草动都十分敏感，更何况两国在历史上就龃龉不断，至今尚有红海杜瓦米什岛主权争端未获解决。其次，此番也门内乱的主角胡塞武装，属什叶派栽德分支，与信奉逊尼派瓦哈比教义的沙特可谓水火不容。双方在本世纪初就频发冲突，在 2009 年底至 2010 年初，也门政府军和沙特边防部队曾对胡塞武装发动南北夹攻，但胡塞武装韧性十足，与两国正规军展开游击战，甚至还一度打过沙也边境，威胁沙特本土安全。这样一支与沙特有宿怨的武装力量，加入甚至领导也门合法政府，都为沙特所难容。最后，也是最重要的，沙特视胡塞武装为伊朗的代理人，打击胡塞武装实质是沙特与伊朗角力，挫败后者战略包围企图的重要举措。近年来，伊朗的地区优势正在逐渐扩大：不仅基本打通两伊、黎巴嫩和叙利亚的“什叶派新月地带”，拉拢因断交危机而与沙特离心离德的卡塔尔，更与阿曼关系走近。如果也门再出现亲伊朗政权，则环绕沙特的北、东、南包围圈即告成型。所以，沙特绝不容卧榻之侧有伊朗背景的胡塞武装得势，因而力图在南部巩固自身战略存在，打开包围缺口。

从内部看，也门战事基本由时任国防部长现任王储小萨勒曼主导。“决心风暴”始于2015年3月26日，结束于4月21日；而同年4月29日，萨勒曼国王即发布国王令，免除穆克林亲王王储职务，由侄子穆罕默德·本·纳伊夫接任新王储，小萨勒曼则升任副王储。从这两个时间点推测，军事打击胡塞武装，显然有帮助小萨勒曼迅速立威、积累政绩并加速上位的意图，且在当时也确实发挥了一定作用。

（二）沙特进退维谷恐要“两害相权”

时过境迁，就当前局势分析，沙特军事行动已陷入僵局。第一，速战速决消灭胡塞武装威胁的主要目标没能实现。目前，胡塞武装不仅稳据北方传统势力范围，巩固了对萨纳的统治，而且越战越勇，反过来用导弹袭扰沙特、阿联酋境内目标。2017年11月和12月，其分别袭击了沙特首都利雅得机场和阿联酋的巴拉卡核电站；此外，胡塞武装还以荷台达港为基地，袭扰阿联酋、沙特与美国的军舰、商船，频频制造麻烦。

第二，沙特强力打击胡塞武装，反而使后者在难有其他选择的境地下，加速向伊朗靠拢。在2015年之前，伊朗对胡塞武装的支持是“松散”而模糊的，这是因为相比沙特视也门为自家后院，伊朗在也门的利益则是间接且非核心的[①]。胡塞武装也保持很高的独立性，与伊朗仅是“相互欣赏”，并公开否认曾接受伊朗的援助。但2015年也门战事升级后，二者在政治、外交、经济和军事等方面的关系都迅速升温，特别是在萨利赫身死，胡塞武装失去盟友的当下，只能更加依赖伊朗，以取得存续资本——讽刺的是，这其实正是沙特极力避免的态势。

第三，长期作战加重了沙特各方面的负担。一方面，战乱令也门民

---

① 武星艳．伊朗与也门胡塞武装组织的关系探析．国际研究参考，2016（3）．

不聊生，成为“有史以来人为造成的最大国际人道主义灾难之一”，令沙特饱受舆论压力，国际形象恶化。沙特联军“钢多气少”，军队的技战术水平与先进武器并不匹配，空袭常因情报和定位错误发生“误炸”。仅 2016 年 10 月 8 日，萨那一处平民葬礼遭其空袭，就至少造成 155 人死亡，超过 520 人受伤。据联合国统计，自 2015 年起，已有超过 9 200 人在也门战火中丧生，另有近 2 200 人死于霍乱。目前，2 220 万人依靠不同形式援助维持生计，占也门总人口 3/4 以上。其中，1 130 万也门民众“迫切需要生存救助”①。另一方面，持久战使沙特财政不堪重负，每月 60 亿美元的军费开支，加之国际油价长期低位徘徊造成的收入锐减，令沙特叫苦不迭，即便暂时能勉力维持，也急欲开源节流，寻找脱困之道。

战争使也门多个城市化为废墟

在这种情况下，沙特一面咬牙坚持，一面开始谋求“体面退出”。然而，军事手段无法压服胡塞武装，和谈方式也难让其接受沙特开出的条件。两难之际，沙特只好转变策略，寻找破局之路：暗中联系并策反萨利赫就是关键一着。一旦成功，不仅可以拆散萨利赫-胡塞武装联盟，

---

① 联合国为援助也门发出该国史上最大规模人道募捐呼吁.（2018－01－21）. https://news.un.org/zh/story/2018/01/1000691.

彻底扭转战场态势，还可以获得一个能平衡、疏通也门各派势力关系的关键人物，为之后的政治谈判做好铺垫。但天不遂人愿，萨利赫在逃往沙特途中被胡塞截杀，让沙特的计划落空。而胡塞此举则鲜明表达了其“只要战斗，不愿妥协，更不想被其他势力背后捅刀”的强硬态度，堵死了沙特谋求折中收获的撤退之路，逼迫其要么继续加大在也门投入，与胡塞“血战到底”；要么接受胡塞武装在也门未来政治安排中保有重要地位，甚至可能不断坐大的事实。但此类“两害相权”，恐怕都是沙特难以接受又不得不面对的苦果。

三、中国劝和促谈凸显大国担当

中国在也门问题上没有任何私利。作为联合国安理会常任理事国，中国一直在为政治解决地区热点问题，维护世界和平发挥着负责任大国作用[①]。对也门问题，中国也始终秉持客观、公正的立场，做了大量劝和促谈工作，并力所能及地向也门提供了各类人道主义援助。

（一）撤侨行动彰显大国气度

2015 年 3 月 26 日也门军事冲突升级的当天，习近平主席和中央军委即命令中国海军舰艇编队赴也门执行撤离中国公民的任务。在外交系统与海军的通力合作下，在中也友好关系深厚积淀的鼎力支持下，至 31 日晚，中国公民即基本撤离完毕。速度快于 4 月 2 日开始撤侨行动的俄罗斯，效率高于同期开始撤侨的印度，显示了“中国护照的含金量不仅在于能让你免签去多少国家，也在于碰到麻烦和危险的时候，祖国能带你回家”[②]。

---

① 驻也门大使田琦就也门冲突 2 周年接受中也媒体采访.（2017－03－26）. http://www.fmprc.gov.cn/web/dszlsjt_673036/t1448779.shtml.

② 领事司司长：也门撤侨最扬眉吐气.（2015－04－10）. http://news.xinhuanet.com/world/2015-04/10/c_127674773.htm.

尤为值得一提的是，在本次撤侨行动中，中国政府还帮助176名巴基斯坦人、29名埃塞俄比亚人、5名新加坡人、4名波兰人、3名意大利人、3名德国人、2名英国人等15国279名外国公民撤离也门，体现了极高的国际主义精神和人道主义情怀。此外，与各国撤侨行动相配合，我国外交官在联合国安理会等国际重要场合也频繁呼吁："有关各方根据第2216号（2015）决议要求，重视解决也门人道问题，为在也门实施人道援助，各国撤离在也侨民提供安全保障和便利，并切实根据有关国际法规定，确保在也外交机构和人员安全。"[①]

"中国护照的含金量不仅在于能让你免签去多少国家，也在于碰到麻烦和危险的时候，祖国能带你回家。"

（二）劝和促谈提供中国方案

中国对也门战乱的有关立场是一贯的：其一，坚定主张维护也门的主权、独立、统一和领土完整；其二，坚定支持政治解决也门问题；其三，坚定支持联合国及联合国秘书长也门问题特使的斡旋工作[②]。实际上，上述立场针对也门问题如何破题、由谁主导推进和谈进程等重大问题，给出了中国的解决方案：

（1）只有停火止暴，推进政治对话、政治和解和政治重建才是实现也门持久和平的唯一途径。也门治乱循环的历史，以及2011年中东动荡以来各国的现实告诉人们，以暴制暴只会形成暴力升级的恶性循环，只有推动政治对话才是通往未来和平的有效道路。近期，也门局势进一步恶化，政治进程停滞，军事冲突持续，人道主义危机加重。在这样的时刻，有关冲突方和地区国家，更要通过对话协商解决各类分歧，而非只是一味相互指责对方破坏和平或挑起新冲突。国际社会，特别是联合国安理会成员，应秉持相向而行理念，推动具有共

① 联合国安理会第7426次会议临时逐字记录.（2015－04－14）. http://www.un.org/zh/documents/view_doc.asp? symbol=S/PV.7426.

② 驻也门大使田琦就也门冲突2周年接受中也媒体采访.（2017－03－26）. http://www.fmprc.gov.cn/web/dszlsjt_673036/t1448779.shtml.

识基础的决议和行动；而不应草率做出加剧各方分歧、争议和引起形势恶化的决定。

（2）联合国应主导和谈进程，由也门人民决定国家未来命运。中国欢迎并支持包括联合国在内的国际社会的大力斡旋，支持联合国秘书长也门问题特使的工作，认为联合国应该在推动和谈进程、协调落实对也门人道主义援助等方面发挥主导作用。同时，在新形势下，中国也强调应为新任联合国特使的促和工作提供最大程度的便利与支持。此外，中国一直呼吁“各方支持联合国斡旋努力，在联合国安理会有关决议、海合会倡议及其实施机制、全国对话会议成果文件的基础上，通过对话谈判，尽快达成包容性解决方案”①。当然，只有也门人民知道自己需要什么，也只有也门人民有权利、有智慧和能力决定国家的未来走向。

（3）中国赞成联合国安理会有关也门问题的第 2140 号（2014 年）、2201 号（2015 年）、2216 号（2015 年）和 2402 号（2018 年）等重要决议的有关立场，支持也门定向制裁措施，支持延长安理会对也门定向制裁措施和专家小组的授权，认为这有助于推进也门问题政治解决和国际社会的促和努力，符合也门和地区国家利益。同时，中国对近期也门安全局势持续恶化、暴力不断升级导致的威胁外溢、恐怖组织坐大、人道主义灾难等问题深表担忧，并已竭尽所能提供帮助。

（三）力所能及进行人道援助

资料链接

中国对也门的正式援助始于 1958 年，60 多年来，中国在也门完成援外项目达数十个，包括公路、桥梁、纺织厂、五金家具厂、医院、学校等等。其中荷台达—萨那公路（1961 年）、萨那纺织厂（1967 年）、萨那中等工业技术学校（1970 年）、塔兹革命医院（1976 年）、友谊立交桥

① 联合国安理会第 8190 次会议临时逐字记录.（2018-02-26）. http://www.un.org/zh/documents/view_doc.asp? symbol=S/PV.8190.

(2000年)、外交部办公楼(2007)等在也门影响较大;中国从1966年开始向也门派遣援助医疗队,到2013年累计派出援也医疗队员3 400余人次,门诊量达到1 000余万人次,住院量达到18余万人次;从2002年到2014年,先后有1 000多名也门学员到中国研修和参训。

资料来源:江涛. 中国对也门的援助:背景、动因与展望. 国际援助,2015(6).

也门战争爆发后,为缓解也门人道主义危机,中国先后通过双边渠道及联合国向也门提供力所能及的紧急人道主义援助,有力缓解了也门人道主义灾难。自2017开始,中国分批向也门提供价值1.5亿人民币的紧急人道主义物资援助。此外,针对近来也门战乱加剧引发的粮食危机与严重霍乱疫情,中国政府还向联合国粮食计划署以及世界卫生组织分别提供500万美元和200万美元的资金援助①。目前,也门部分地区的不少民众已经收到了中国的救援物资。

(四)愿积极参与也门战后重建,合作推进“一带一路”建设

经济发展长期停滞不前,是本轮中东动荡多国乱局持续的根本原因。治乱促和、更重治本,促使多国回到稳定发展的轨道上来,才是长治久安之策。中国在解决地区热点问题时注意以互利共赢模式开展经济合作,在给合作对象“输血”的同时,帮助其提高“造血”能力,以促其改善民生、发展经济。

也门战略位置重要,历史上曾是古丝绸之路的重要一站;而中国目前是也门最大的贸易伙伴,双边贸易互补性强,双方合作推进“一带一路”建设具有现实基础。未来也门如能实现停火止暴,国内各方能达成政治协议,实现持久和平,中国愿意积极参与也门战后的经济重建工作。我驻也门大使田琦表示,中方愿与也门在下述领域开展合作:一是在铁路、公路、港口等交通基础设施建设方面开展广泛合作,推进互联

① 中国代表呼吁国际社会推动也门停火. (2018-04-18). http://www.xinhuanet.com/world/2018-04/18/c_1122701550.htm.

互通建设；二是加强产能合作，帮助也门加快工业化进程，提高自主发展能力；三是加强人文交流，中也同为文明古国，均有着深厚的文化底蕴，中也人文交流不仅有利于增进两国人民之间的相互了解和友谊，也有利于推进中阿文明对话，增进中阿友好①。

四、政治和解依旧困难重重

也门内部各势力争夺及重组，给国家内外造成了深远复杂的负面影响。国际社会劝和促谈努力难以取得实质性进展，不仅源于战场与谈判桌上的僵局，更是也门内部四类复杂矛盾造成的结构性困境使然。在可预期的未来，各方博弈还将持续。

（一）战乱持续影响复杂

萨利赫被胡塞武装截杀身死后，也门各方的争斗非但没有缓解，反而更趋激烈。萨利赫-胡塞武装联盟的破裂，直接导致战场力量平衡再度被打破，各方都抓住这一短暂时机明争暗夺，希望能占据下一阶段相互搏杀的主动地位。首先，原本效忠萨利赫的武装力量立刻成为各势力争夺的焦点。这些部队或归顺胡塞组织，或倒向沙特联军支持的哈迪政府军，或自立门户，欲成为新的割据势力。其次，几股武装围绕为萨利赫“复仇”开启新战端。“沙特向萨利赫亲信部队紧急空投武器装备，提供空袭支援，协助其报复；胡塞武装忙于收拾局面，加紧清剿萨利赫残余势力并抢占原本由萨利赫控制的地盘；哈迪政府意欲趁乱打劫，调集政府军围攻萨那。”② 一时间，萨那及其周边的北部战区烽烟四起，新一轮混战打得难解难分。最后，恐怖组织借势作乱，进一步扩大在也门势力范围。其中，“基地”组织阿拉伯半岛分支在也门深耕多年，2011

① 中国驻也门大使田琦：中方愿积极参与也门经济重建.（2016-06-30）. http://www.ce.cn/xwzx/gnsz/gdxw/201606/30/t20160630_13297403.shtml.

② 参见李亚男．“后萨利赫时代”，也门往何处去．世界知识，2018（1）.

年萨利赫倒台后曾趁乱扩张，后被美国联合也门政府军连续清剿，一时式微。在内外压力下，特别是考虑到其活动已引起普通穆斯林群众的普遍反感，“基地”组织阿拉伯半岛分支开始调整存续策略，以“伊斯兰教法支持者”组织的新面目在也门出现，“声称能够提供电力、水利、安全、司法、教育和通信等也门政府无法提供的保障，迅速获得了一大批对政府失望的底层民众的支持”[①]。近两年来，“基地”组织阿拉伯半岛分支与“伊斯兰教法支持者”这一变种占据了也门南部和东部的大片土地，对也门安全稳定构成极大威胁。此外，“伊斯兰国”也在2015年渗透进也门后迅速扩张。至2016年，其恐怖袭击目标开始针对政府力量，发动了多起自杀式汽车炸弹袭击，造成了严重伤亡。而在最近一轮升级的战乱中，“伊斯兰国”也趁机扩大了地盘和影响。

战争的持续及其激化，不断重创这一早已千疮百孔的国家，对地区乃至整个世界构成现实或潜在的重大负面影响。从也门国内看，战乱带来了深重的人道主义灾难，饥荒和霍乱正在蔓延，难民虽暂未形成跨地区扩散，但因其数目庞大，未来问题缓解难度高，外溢成严重难民危机的可能性正不断上升。2018年，联合国机构的也门人道响应计划需筹集29.6亿美元资金[②]，远超2017年的21亿美元，显示也门的人道主义危机正迅速恶化。而事实上，2017年也仅募集到所需资金的一半左右，这进一步加重了也门国内的经济困难。据统计，2015—2017年，也门政府财政赤字平均为当年GDP的11.7%[③]，公共部门严重入不敷出，有限的收入要么被贪腐吞噬，要么大部分投入战争机器中，形成恶性循环。

在地区和国际层面，也门乱局外溢的影响同样深远。其一，它将进一步恶化伊朗与沙特、阿联酋等国的关系，加剧彼此的地缘政治权力争夺。特别是胡塞武装屡屡发射短程导弹至沙、阿两国境内，并以荷台达

---

① 刘中民，任华. 也门极端组织的演变、成因及其影响. 阿拉伯世界研究，2017（2）.

② 联合国人道认捐会议：今年也门援助行动需要近30亿美元资金.（2018-04-03）. https://news.un.org/zh/story/2018/04/1005481.

③ Economist Intelligence Unit. Country Report：Yemen（1st Quarter 2018）. April 8th, 2018. https://www.eiu.com.

港为基地，袭扰过往沙特的美国军舰、商船。这些行为都被沙特联军认定是伊朗在背后支援、指使，从而再度激化双方对抗。其二，局势动荡引发的难民问题，给周边国家，甚至域外其他国家带来一系列经济、社会和安全问题。其三，威胁国际航运与能源安全。也门所扼曼德海峡，每年至少有 2 万艘轮船通过，所承载的货物量约占全球海运的 8%，石油是其中的重要大宗商品，每天大概有 400 万桶石油运经海峡[①]。随时可能爆发的冲突使航行安全存在重大风险。同时，战乱也会影响沙特等重要产油国及苏伊士运河等其他重要航道，对能源的稳定供应和运输十分不利。

（二）和平难以实现的根源

也门危机发酵、升级直至外溢的过程中，国际社会特别是联合国从未放弃劝谈促和努力。2015 年至今，联合国多次主持有关也门问题的和谈，特别是 2016 年，曾斡旋冲突各方在科威特进行为期 4 个多月的谈判，但最终无果而终。随后，胡塞武装和萨利赫联盟组建“最高政治委员会”，并于 2016 年底单方面成立“民族救国政府”，使军事冲突之外的政治对峙愈发难解。截至目前，也门和平进程未能取得实质性进展，这场冲突甚至逐渐成为“被遗忘的战争”。

从最直接的原因来看，一方面，和谈难以推进是由于为和谈设置的停火协议屡屡遭到破坏，哈迪政府和胡塞武装常以此为由指责对方无意真诚谈判，要挟退出和谈并不断抬高要价。另一方面，更重要的是，双方目前在谈判中所坚持的立场相距甚远。哈迪政府要求胡塞武装履行联合国安理会第 2216 号决议有关内容，撤出 2014 年 9 月以来占领的地区，交出重型武器，之后才能讨论组建联合政府和权力分配问题；胡塞武装则拒不承认哈迪政府的合法性，要求哈迪去职并重新组建政府，以此作为谈判前提。不难看出，双方都想在谈判桌上取得在战场上无法轻易获得的成果，这谈何容易。

---

① 曾爱平. 也门冲突影响国际海运与能源安全. 中国远洋航务，2015（5）.

综观也门乱局的肇始、持续与恶化，危机背后难以消弭的复杂权力政治矛盾，是根本原因。这些矛盾不仅是当前和谈的根本障碍，更是现代也门共和国难以建构成型的主要根源。这些矛盾包括：（1）在共和国表象之下，实质主导也门权力流向的部落制度及其对国家权力的分割；（2）统一过程中未有效缓解的南北也门矛盾以及因之进一步固化的也门地区主义；（3）人口数量基本对等的逊尼派和什叶派在国家社会经济生活中宿怨颇多，宗教问题铺垫了也门南北分裂和国家矛盾外溢的又一层底色；（4）冷战时期美苏的代理人式介入以及当前的代理人战争，导致也门内部矛盾外部化，国家矛盾地区化，使之更复杂难解。这四类矛盾在也门政治生活中盘根错节，各派力量只想为自身利益不断进行零和博弈，最后国家的和平也就只能寄望于“权力平衡”。但萨利赫让出权力后，新的权力真空引起各方混战，新的权力平衡难以自动形成；至萨利赫身死，也门短期内再难找到一位可被各方接受的最大公约数式的权力平衡者。因此，未来的和平之路注定坎坷难行。

2018 年 4 月 8 日，新任联合国也门特使马丁·格里菲思表示，他将尽力促成也门冲突各方重启和谈。而在战场上，各势力虽有“倦意”，但尚存“余勇”，谁都不愿轻易示弱。如此，未来和谈或许又会陷入谈谈打打的轮回，也门的政治和解，仍要在泥泞沼泽中寻找出路。

“伊斯兰国”灭亡后叙利亚向何处去

“伊斯兰国”灭亡后叙利亚向何处去

中国国际问题研究院发展中国家研究所　柳　莉

叙利亚危机自2011年初爆发。虽然作为政治实体的“伊斯兰国”在2017年底已被剿灭，但由于叙利亚是中东“跳动的心脏”，内战表现出典型的代理特征，域内外大国为争夺势力影响竞相插手，加上叙利亚特殊的民族宗教构成，各方博弈仍将持续，并在地区格局重塑中酝酿着更深危机。

一、“伊斯兰国”灭亡后的争夺

在国际社会的协同打击下，“伊斯兰国”在叙利亚的有形存在不断压缩，2017年10月失掉大本营拉卡，11月丢掉代尔祖尔、阿布卡迈勒等，目前仅存零星据点[①]。不过，“伊斯兰国”的覆灭并未带来局势缓和，反而因失去共同的反恐目标，各方冲突更加直接和复杂，权力分配和势力划分成为争夺的焦点。

（一）以色列和伊朗军事对峙

叙利亚巴沙尔政府自2016年12月收复阿勒颇后[②]，已掌控全国绝大多数重要城市和人口密集区，包括大马士革、阿勒颇、拉塔基亚、霍姆斯、哈马。在俄罗斯、伊朗的大力支持下，巴沙尔政府力图抓住一切机会，进一步扩大战场胜利，削弱、击溃各路反对派及其武装，为未来和谈与权力重新分配赢得充足筹码。

---

① 2014年6月，阿布·贝克尔·巴格达迪自称“哈里发”（Caliphate）并宣布建立“伊斯兰国”，“定都”叙利亚拉卡。“伊斯兰国”曾占据叙利亚25%、伊拉克13%的国土，吸引了来自100多个国家和地区的数万极端分子，赢得全球各地激进组织的效忠和追随。“伊斯兰国”不仅控制了包括众多叙利亚和伊拉克城市在内的核心区域，而且在控制区内实施“帝国式”的实体管理，改写了二战后中东民族国家的版图。2017年11月，伊朗总统鲁哈尼和伊拉克总理阿巴迪宣布极端组织“伊斯兰国”被剿灭。

② 阿勒颇是叙利亚经济中心和第一大城市，北距土耳其约50公里，地理位置极其重要。阿勒颇战役于2012年夏打响，叙利亚政府军占据该市西部，反政府武装控制该市东部，双方围绕控制权展开激烈争夺。

然而，伊朗在中东的势力扩展引起以色列高度紧张①。以色列多次警告伊朗不要"越界"，否则将采取相应的行动。以色列所说的"越界"是指伊朗从叙利亚南部蓄意或意外袭击以色列，或向黎巴嫩真主党转移先进武器②。实际上，自 2011 年叙利亚内战爆发以来，以色列已在叙利亚境内进行了百余次空袭。以色列多次表示，无意与伊朗直接开战，但绝不允许其与黎巴嫩真主党将叙利亚当作反以前线。

2018 年 1 月 6 日，叙利亚政府军出动战机和地面部队大举进攻反对派武装盘踞的伊德利卜省，并对伊德利卜、哈马和阿勒颇三省边区的反对派武装形成新的包围圈。9 日，以色列对叙利亚发动罕见攻势，不仅发射了 4 枚地对地导弹，而且出动战机越过黎巴嫩空袭了大马士革一处军事基地。通过在叙利亚采取军事行动，以色列向外界传达了两个信号，一是绝不允许伊朗和黎巴嫩真主党武装留在叙利亚，二是未来关于叙利亚的安全安排必须考虑以色列的关切③。

2 月 10 日，伊朗无人机从叙利亚进入以色列领空。以色列随即展开报复，攻击了叙利亚的空中防御系统及其境内的伊朗军事设施，共 12 个目标，包括伊朗无人机的发射地——位于叙利亚巴尔米拉附近的提亚斯空军基地，以及大马士革附近的一处军事设施。对此，叙利亚政府进行了军事反击，交火中一架以色列 F-16 战斗机被击中坠毁④。这是叙利亚内战爆发以来以色列和伊朗最紧张的一次军事对峙，也是自 1982 年第一次黎巴嫩战争以来以色列在叙利亚境内采取的最大规模、最有力的攻击，同时也是以色列首次公开承认空袭伊朗军事基地。以色列通过此次行动再次向周边国家和世界大国表明，不会坐视各方势力瓜分叙利亚

---

① 俄罗斯已公开承认伊朗在叙利亚的军事存在，有迹象表明，伊朗将在叙利亚建立导弹基地、空军基地，乃至海军基地。

② 叙利亚危机爆发后，黎巴嫩真主党在伊朗支持下于 2013 年派出武装人员进入叙利亚，与政府军共同作战。以色列长期视黎巴嫩真主党为北部边境的重大安全威胁，指责伊朗通过叙利亚陆地走廊向真主党输送武器。

③ 以色列在戈兰高地的安全底线是，不允许伊朗及其支持的军事力量出现在周边 40 公里范围内，该距离是根据"铁穹"防空体系拦截来自叙利亚的火箭弹的预警时间而测算出来的。

④ 上一次以色列战机在叙利亚被击落，还是在 1982 年第一次黎巴嫩战争期间。

利益、培植反以势力。

（二）土耳其出兵阿夫林

2018年1月20日，土耳其集结3万兵力（包括其支持的2.5万“叙利亚自由军”），向叙利亚的阿夫林区发起代号为“橄榄枝”的军事行动，跨境打击库尔德武装“人民保护部队”。阿夫林战役的导火索，是1月14日美国宣称将与库尔德武装“叙利亚民主军”共同组建“边境安全部队”。按照美国计划，“边境安全部队”约3万人，部署在幼发拉底河河谷沿岸，以及由库尔德武装控制的叙利亚、伊拉克和土耳其边境地区①。

“叙利亚民主军”成立于2015年10月，是美国打击“伊斯兰国”的重要力量，其中“人民保护部队”被认为最有战斗力，长期接受美国资金、装备和人员培训支持。“叙利亚民主军”的人员构成以当地库尔德人为主，也有来自土耳其境内库尔德分离主义武装组织的成员，因此被土耳其认为是库尔德工人党在叙利亚的分支，定性为恐怖组织②。

阿夫林位于叙利亚西北部的阿勒颇省，西接土耳其的哈塔伊省③，内有360个库尔德人村庄，是叙利亚库尔德人口最密集的地区。库尔德民族独立运动自2010年底中东动荡以来方兴未艾，主要势力集中在幼发拉底河东岸。阿夫林虽位于幼发拉底河以西，却是整个库尔德地区通往地中海的咽喉。土耳其出兵阿夫林的主要目的，一是打击叙利亚境内的库尔德武装，防止库尔德人坐大坐强；二是阻断库尔德向地中海发展

---

① 库尔德是当今世界最大的无国民族，人口约2 000万，主要分布在土耳其、叙利亚、伊拉克、伊朗交界处。

② 库尔德工人党成立于1978年，主要成员是土耳其库尔德人，宗旨是在土耳其、叙利亚、伊拉克、伊朗交界的库尔德人居住区建立一个独立的“库尔德斯坦共和国”。

③ 土耳其的哈塔伊省（Hatay）古称“安条克”（Antioch），在奥斯曼帝国统治时期属于叙利亚行省，叙利亚人称之为“亚历山大勒塔”（Alexandretta），一战后成为法国的委任统治地。1923年土耳其独立后，随着国力的恢复，于1938年派兵进入哈塔伊省（土耳其人口比例较大）。1939年，哈塔伊民众经过独立公投，选择加入土耳其，成为其第63个省。对此，法国予以默认，叙利亚继续将“亚历山大勒塔”视为自己不可分割的一部分，土叙两国领土争端自此产生。

的趋势，防止库尔德人寻求独立；三是扶持“叙利亚自由军”取代“人民保护部队”，使阿夫林成为阻止库尔德西进的缓冲区；四是争取在叙利亚问题上拥有更多的话语权。

面对土耳其的军事行动，叙利亚巴沙尔政府虽表示强烈谴责，却未进行实质性抗衡。俄罗斯在土耳其行动前也已撤出了驻扎在阿夫林的军事人员。美国虽在阿夫林没有军事人员，但通过减少对叙利亚库尔德武装支持的方式放手土耳其行动。美国表示，土耳其在袭击叙利亚境内目标前已通知了美国，时任美国国务卿蒂勒森也分别与土耳其和俄罗斯外长通了电话①。3 月 24 日，土耳其宣布，土耳其军队及其支持的“叙利亚自由军”已完全控制了阿夫林地区。

（三）巴沙尔夺回东古塔

就在土耳其出兵阿夫林之际，2 月 18 日，叙利亚巴沙尔政府对大马士革郊区东古塔的反动派发动了攻势。古塔是位于叙利亚首都大马士革东北至西南的一片郊区，分东、西两块。东古塔是叙利亚反政府武装的重要据点，且背后各有“金主”，如科威特和沙特支持的“伊斯兰军”、卡塔尔支持的“沙姆自由人伊斯兰运动”、土耳其支持的“拉赫曼旅”，以及“基地”组织分支“征服阵线”等。流经东古塔的巴拉达河将大马士革与沙漠隔开，这里不仅是首都的农业和水源供应地，更是其安全盾牌。然而，内战爆发后，昔日盾牌成为扼住首都咽喉的套索②。

2012 年，叙利亚反政府武装曾以古塔为据点进攻大马士革，首都一度面临陷落风险。2013 年，政府军收复了西古塔，并将反对派武装围困于东古塔，但苦于机动兵力不足，只能在公路上设置检查站。2017 年 11 月，盘踞在东古塔的反对派武装开始进攻政府军驻地，双方战端再起。2018 年 2 月 18 日，叙利亚巴沙尔政府调集重兵围攻东古塔，旨在通过打击大马士革附近的反政府武装和极端组织，进一步消除安全威

---

① 安峥．土为何出兵叙利亚打击库尔德武装．解放日报，2018-01-23.

② 郑宇钧．东古塔乱斗．南方周末，2018-03-29．另据报道，有部分北约军事顾问和以色列特种部队被俄叙联军围困在东古塔。

胁，收复失地和巩固统治。在俄罗斯的空中支援下，政府军将反对派分割包围。随着军事行动的不断推进，反政府武装节节败退。同样是在俄罗斯的斡旋下，3 月 22 日以来，数万名反政府武装人员及其家属分批从东古塔的多个据点撤离，前往叙利亚北部的伊德利卜省。4 月 2 日，最后一支反政府武装“伊斯兰军”从东古塔的据点杜马市撤出，前往叙利亚北部的阿勒颇省杰拉布卢斯。叙利亚政府军自此全面夺回东古塔的控制权，大马士革的最大安全威胁得以解除，首都与北部省份和东部沙漠的交通随之打通。

对叙利亚巴沙尔政府来说，收复东古塔是自 2016 年收复阿勒颇以来取得的最重大胜利。目前，全国主要城市均已重回政府军的掌控之下，反政府武装偏踞数隅，难以再度构成战略性威胁，胜利的天平已然翻转，持续多年的内战结束了最为惨烈的中盘阶段。

二、相关各方在叙利亚的博弈

随着东古塔战事的结束，叙利亚各方势力版图逐渐清晰。政府军已掌控全国约 60%的领土，反对派武装仅剩西北部伊德利卜省和南部少数据点（库奈特拉、德拉等）[①]，库尔德武装控制包括拉卡在内的东北部地区[②]。由于外部势力是影响叙利亚局势的主因，各方博弈不会因战事结束而消散，均想赢在 7 年缠斗的“最后一公里”[③]。

（一）三个阵营

内战爆发以来，各方竞相在叙利亚境内寻求代理。俄罗斯、伊朗、

---

① 叙利亚内战爆发之初曾出现大批反对派武装，有名有姓的组织一度达到 6 000 多个，且背后均有地区大国支持。2017 年沙特与卡塔尔断交，两国无暇顾及叙利亚，大部分反对派成为土耳其的忠诚代理，包括“沙姆军团”“努尔丁·赞吉运动”“黎凡特阵线”等。

② 2017 年 10 月，库尔德武装“叙利亚民主军”控制了原“伊斯兰国”大本营拉卡。目前，叙利亚北部位于幼发拉底河东岸的地区在“北叙利亚民主联邦”领导下实行民族自治。

③ 马晓霖. 二元对立：反恐胜利后的叙利亚多轨角力. 华夏时报，2017-11-30.

黎巴嫩真主党力保叙利亚政府军，美国力挺以库尔德人为主的“叙利亚民主军”，土耳其扶持土叙边境阿勒颇省的“叙利亚自由军”，西方和海湾国家支持伊德利卜省和约旦边境地区的反对派，还有一些外部力量暗地向“努斯拉阵线”和“沙姆解放组织”提供资金和军火支持。进入2018年后，这些内外势力逐渐形成三个阵营①。

首先，“俄罗斯-伊朗-叙利亚政府”阵营。俄罗斯自2015年9月大规模军事介入后，已成为解决叙利亚问题不可或缺的重要一方。俄罗斯在帮助政府军收复大片领土的同时，加固了其在叙利亚的两大军事基地。2017年12月，俄罗斯宣布从叙利亚撤军，并着手扩建塔尔图斯海军基地，在塔尔图斯和赫迈米姆空军基地组建常驻部队。伊朗伊斯兰革命卫队在叙利亚约有3 000～5 000名，还有至少4 000名黎巴嫩真主党武装人员，以及来自伊拉克、巴基斯坦、阿富汗等国的什叶派志愿者。伊朗对叙利亚局势影响颇深，通过扩张已在中东地区形成“什叶之弧”。

其次，“美国-库尔德武装”阵营。该阵营由美国在叙利亚的2 000名驻军，及其扶植的约5万余名“叙利亚民主军”组成。“伊斯兰国”崛起后，美国大力扶植叙利亚库尔德武装，一方面让它充当打击“伊斯兰国”的生力军，另一方面企图利用它继续插手中东事务。特朗普上台后，美国对叙利亚政策出现明显变化，一是将打击“伊斯兰国”置于优先位置，不再高喊“巴沙尔必须下台”；二是于2017年6月终止了中情局实施4年多的援助反对派计划；三是与俄罗斯、约旦在叙利亚南部建立“冲突降级区”。未来美国在叙利亚的利益是，通过谈判达成解决方案，确定战场收益，然后离开；战略目标是根除恐患、政治解决危机、清除伊朗影响、推动难民回归、清除大规模杀伤性武器。

最后，“土耳其-叙利亚自由军”阵营。该阵营主要由土耳其部队、叙利亚反对派武装组成，盘踞在伊德利卜省。土耳其作为邻国自危机爆

① 龚正．叙利亚危机中的三个阵营与三个配角．世界知识，2018（4）．

发即介入叙利亚，是反对派的最大后台。土耳其在库尔德问题上态度强硬，担心叙利亚的库尔德自治加剧国内分离主义运动，因此于2016年和2018年两次出兵叙利亚，目的就是阻止库尔德武装连成一片。土耳其总统埃尔多安在占领阿夫林后表示，军事行动将扩展至曼比季、科巴尼、泰勒艾卜耶德、卡米什利[①]等地，直到“清除土叙边境的恐怖主义走廊”[②]。

（二）两大对决

有21世纪“小型世界大战”之称的叙利亚内战，不仅表现为美俄博弈、土耳其和以色列强邻施压，也有伊朗与沙特对峙。

一是俄美对决：贯穿始终的对立主线。俄罗斯将叙利亚视为经略中东、影响世界的关键棋子，采取了攻势且成功主导了叙利亚局势。美国总体保持战略收缩，不仅投入有限且避免与俄罗斯争锋，输掉了战场主动权，还被俄罗斯排除在阿斯塔纳和平进程外[③]。随着叙利亚重建提上议事日程，美国无心卷入太深，俄罗斯无力卷入太久，代理人战争将转向代理人外交。

二是反伊博弈：正在重组的对立副线。中东以教派分野为表面特征的地缘政治较量，即以沙特为首的逊尼派阵营与以伊朗为首的什叶派阵营之间的对抗不断加剧。叙利亚危机、也门战争、伊拉克重建、卡塔尔断交危机等均成为两个阵营的博弈场，双雄争霸深刻改变着地区关系和秩序[④]。沙特有心无力而伊朗高歌猛进，又触发以色列的战略焦虑，进而引发新的地缘力量重组，促成沙特与以色列两个没有外交关系的国家公开走近，形成一种利益共同体[⑤]。由于以色列在叙利亚的安全关切难

---

① 卡米什利（Qamishli），库尔德武装在叙利亚控制的最东部城镇。

② 秦彦洋，施春．土耳其称将向叙利亚阿夫林以东地区进军．（2018-03-20）．http://www.xinhuanet.com/mil/2018-03/20/c_129832499.htm.

③ 美俄以幼发拉底河为界各自划分势力范围，除个别军事行动（如反恐）外，基本不合作。

④ 王林聪．叙利亚危机与中东秩序重塑．当代世界，2017（12）．

⑤ 马晓霖．二元对立：反恐胜利后的叙利亚多轨角力．华夏时报，2017-11-30.

以通过对话来实现，惯性思维下往往依赖自身擅长的先发制人的军事打击，因此沙伊对峙极有可能转变为以伊对决。

三、政治解决与中国的立场

战争与和谈互为延续、互为影响，战场硝烟消散之际正是谈判桌上博弈激烈之时。国际社会现有三个外交机制探讨解决叙利亚问题，即由联合国主导的日内瓦和谈，由俄罗斯、土耳其、伊朗主导的阿斯塔纳和谈，以及由俄罗斯主持的索契会议。三个机制及其内部虽存在着激烈矛盾，但相互间又有补充，共同推动叙利亚危机的政治解决。从战场到会谈，从日内瓦到阿斯塔纳，再到索契，反映出各方围绕叙利亚问题的深度较量，也折射出中东地区新的力量对比和分化重组态势。

（一）日内瓦轨道

叙利亚危机爆发后不久就建立了由联合国主导的日内瓦和谈机制。2012 年 6 月，联合国 5 个常任理事国以及部分周边国家在日内瓦举行叙利亚问题行动小组外长会议。会议发表公报，呼吁组建所有力量参与的过渡机构。2014 年 1 月，叙利亚政府和反对派在日内瓦举行了首轮和谈。2015 年 12 月，安理会就政治解决叙利亚问题通过第 2254 号决议，这是危机爆发以来联合国首次就和平路线图达成一致[①]。2016 年初，叙利亚政府和反对派在日内瓦举行了数次和谈，终因分歧严重被迫暂停。2017 年 2 月，和谈在日内瓦重启，除政治反对派外，武装反对派也加入了和谈，由于各方利益诉求不同，和谈举步维艰。2017 年 12 月，重启后的和谈因在总统巴沙尔的去留问题上分歧严重，再度陷入僵局。2018

---

① 联合国安理会第 2254 号决议内容为：2016 年 1 月初启动和谈；6 个月内成立一个可信、包容和非宗派的权力机构，为新宪法的起草确定日程；在之后 18 个月内，根据新宪法在联合国监督下举行大选。作为妥协，"共识"未提及巴沙尔的去留。值得一提的是，伊朗出席了这轮会谈，这是其首次受邀出席叙利亚问题国际会议。

年1月，新一轮和谈在维也纳召开，联合国叙利亚问题特使德米斯图拉[①]分别与双方进行了会谈，再次尝试打开调解争端、谋求和平的窗口。

2015年12月18日，联合国安全理事会15个成员国于纽约总部表决，一致通过有关叙利亚和平进程的决议案

自日内瓦和谈机制建立至2017年以来，共举行了9轮对话，始终是吵闹扯皮，一开始争吵谁能代表反对派，后来争吵谁是恐怖组织，再后来反对派坚持将巴沙尔下台作为前提条件，最终各方在巴沙尔去留问题上僵持不下[②]，也未能促成双方直接谈判，总是通过联合国特使来回传话，除达成几项原则外，未能取得实质性突破。2012年至今，联合国共通过了23项与叙利亚相关的决议，仅2017年就讨论了33次，不断为冲突寻求政治解决方案。

（二）阿斯塔纳轨道

阿斯塔纳机制产生于2017年初日内瓦和谈停滞之际。在俄罗斯、

① 叙利亚问题特使先后有三位：联合国原秘书长安南（2012年2—8月），阿尔及利亚原外长卜拉希米（2012—2014年），现任德米斯图拉（于2014年7月任命，曾任联合国驻阿富汗与伊拉克使团团长）。

② 曾蕊蕊．从阿斯塔纳和谈看各方在叙利亚问题上的新一轮争夺较量．当代世界，2017（10）．

土耳其、伊朗推动下，叙利亚政府和反对派在阿斯塔纳举行会谈，为重启日内瓦和谈奠定基础。由于不谈政治只谈停火，节奏快、议题实，从停火、换囚、冲突降级区①，直到建立叙利亚民族和解委员会，成果日益显现。自首轮和谈以来，短短 8 个月间，阿斯塔纳机制已举行了 6 轮，参会的反对派武装数量不断增多，观察员国代表级别不断提高，其地位和影响也直线上升，与日内瓦和谈成为并驾齐驱的“外交双轨”。

阿斯塔纳机制横空出世，反映了叙利亚问题上相关各方的博弈调整。一是俄罗斯的权重不断上升。主导日内瓦和谈的是美欧和阿盟，充当外交军事“急先锋”的是沙特、土耳其、卡塔尔，俄罗斯则是被围攻的对象，伊朗一度被排除在外。2015 年俄罗斯军事介入后，叙利亚形势向有利于巴沙尔政府的方向发展，俄罗斯的影响力剧增。叙利亚政府收复阿勒颇后，俄罗斯加大了调解力度。2016 年底在与土耳其、伊朗协商后，俄罗斯另起炉灶建立了不谈巴沙尔去留问题的阿斯塔纳机制，形成了“西方不亮东方亮”的局面。二是土耳其立场发生重大转变。土耳其曾属“倒巴”阵营②，2016 年“7·15”政变发生后背离了美欧，转投俄伊。土耳其“倒戈”，除认识到巴沙尔政权日益稳固这一现实外，也是对美国扶植库尔德武装、欧洲消极对待土“入盟”表示不满，更是着眼于“后‘伊斯兰国’时代”的地盘争夺。从这个意义上讲，阿斯塔纳机制实质上也是俄罗斯、伊朗、土耳其巩固在叙利亚势力范围，与有关各方进行利益置换的平台③。

（三）索契会议

2018 年 1 月，在俄罗斯、土耳其、伊朗以及联合国叙利亚问题特使

① 为促成叙利亚政府和反对派武装达成实质性停火，阿斯塔纳机制在叙利亚南部、大马士革郊区、霍姆斯北部、伊德利卜及周边建立了 4 个“冲突降级区”，有效缓解了紧张局势。

② 以巴沙尔去留划线，国际社会在叙利亚问题上形成了两个阵营，一是以美国、欧盟、沙特、土耳其、卡塔尔等组成的“倒巴”阵营，一是以俄罗斯、伊朗组成的“挺巴”阵营。

③ “冲突降级区”实际上已确定了俄罗斯、土耳其在叙利亚北部，俄罗斯、伊朗在叙利亚中部和南部的势力范围。

德米斯图拉共同发起下，叙利亚全国对话大会在索契召开。在此之前，140 名叙利亚反对派已在沙特推选哈里里为首席代表，准备率团与政府代表直接谈判[①]。参加索契会议的共有 1 500 多名代表，作为观察员的美国、英国、法国缺席，沙特支持的反对派最后进行了抵制，哈里里表示“应在日内瓦会议的框架内推动解决叙利亚问题”。索契会议也未能实现冲突双方的直接对话，仍由叙利亚问题特使德米斯图拉居间传话。

出席索契会议的各方发表了一份包含 12 项原则的公报，就组建宪法起草委员会和举行自由大选取得重要共识。公报称，与会代表决定根据安理会第 2254 号决议组成宪法起草委员会，并依据新宪法举行自由民主选举，宣称“只有叙利亚人有权选择自己的政治制度，国家将确保民族团结以及地方管理的公正代表性”。公报表示，“坚决维护叙利亚的国家主权、独立、领土安全以及土地与人民的完整”，并强调未来国家“基于政治多元和非宗派性”，以及保持“一支爱国、强大和统一的军队”。公报呼吁尽快结束冲突，联合国和国际人道组织等对叙利亚重建提供帮助。索契大会标志着危机取得关键性突破，也为浴血重生后的叙利亚做了政治构架的顶层设计，或可为即将开启的和平进程提供一个新起点。

（四）中国立场

作为安理会“五常”之一，中国在叙利亚问题上没有私利，也从未缺位，不管是日内瓦、阿斯塔纳，还是索契会议，中国全程参与。中国支持一切有利于政治解决的外交努力，始终发挥着一个建设性的负责任的大国作用。基于地区和平与稳定，中国认为应通过谈判解决危机，坚持不干涉内政原则；主张叙利亚的前途和命运应由叙利亚人民自主决定；不断呼吁相关各方应抓住时局发展的积极态势，加强沟通，消除障碍，建立互信，寻求共识。

> 作为安理会“五常”之一，中国在叙利亚问题上没有私利，也从未缺位，不管是日内瓦、阿斯塔纳，还是索契会议，中国全程参与。

① 安惠侯. 艰难的叙利亚政治进程. 北京日报，2017-12-10.

1. 中国政府参与历届叙利亚问题国际会议，并在不同阶段提出解决危机的思路和方案

2012年3月，时任外交部长的杨洁篪在与阿盟秘书长通电话时介绍了中国关于政治解决的六点主张：有关各方停止一切暴力行动；立即开启包容性政治对话；支持联合国发挥主导作用，协调人道主义救援努力；国际社会尊重叙利亚的独立、主权、统一和领土完整；欢迎联合国与阿盟共同任命叙利亚危机特使；安理会成员应恪守《联合国宪章》宗旨和原则及国际关系基本准则，维护安理会的团结。

2012年6月，杨洁篪外长在第一届叙利亚问题国际会议上进一步提出了中国就妥善解决叙利亚问题的四点主张。2012年10月，中国政府提出叙利亚问题四点倡议：有关各方应全力停火止暴，积极配合外交斡旋，实施包括分地区、分阶段停火等有效步骤，扩大停火范围，实现脱离接触，最终结束一切冲突和暴力；尽快指定并派遣谈判代表，协商制定政治过渡路线图，组建具有广泛代表性的过渡管理机构，早日结束危机；切实推动落实“行动小组”日内瓦会议公报和安理会有关决议；采取切实有效措施缓解人道主义危机，国际社会应加大救援力度，确保境外难民安置及境内难民及时获得救援。

2014年1月，中国外长王毅在出席第二届叙利亚问题国际会议时表示，解决叙利亚问题必须始终沿着“五个坚持”的正确方向：坚持通过政治手段解决叙利亚问题，军事手段没有出路，各方都应通过对话谈判表达诉求；坚持由叙利亚人民自主决定国家的未来，叙利亚政治过渡进程应该由叙利亚人民主导，叙利亚的未来只能由叙利亚人民自主决定；坚持推进包容性政治进程，尽快开启平等、包容、开放的政治对话；坚持在叙利亚实现全国和解和团结，要开启全国和解对话，维护叙利亚国家团结；坚持在叙利亚及周边国家开展人道救援，应继续加大对叙利亚人民及周边邻国的人道主义救援。

2015年10月，中国副外长李保东在维也纳出席叙利亚问题有关国家外长扩大会议暨叙利亚国际支持小组第一次外长会上表示，国际社会

要行动起来，搁置利益纷争，相向而行，凝聚共识，为政治解决叙利亚问题创造条件。解决叙利亚危机应在反恐、缓解人道局势、政治对话三个轨道协调推进（“三轨并进”）。打击恐怖主义重在形成合力，缓解人道局势重在及时伸出援手，政治解决进程重在开放包容，体现公平公正。李保东代表中国政府提出了政治解决“四步走”框架思路：有关各方立即停火止暴，并承诺打击恐怖主义；在联合国主持下，各方开展全面、包容和平等的对话协商，在日内瓦公报基础上尽快出台政治过渡具体安排；加强国际保障，由联合国发挥斡旋的主渠道作用；启动战后重建进程，让叙利亚各方各派看到和平的红利。

2015 年 11 月，中国副外长李保东在出席叙利亚国际支持小组外长会议前夕表示，中国认为当前国际社会的重点应放在四个方面：全面停火；在联合国主持下，根据日内瓦会议公报精神，形成具体政治过渡方案；在反恐问题上形成合力，坚决打击一切形式的恐怖主义，并充分发挥安理会的协调作用；加大人道救援力度。

2017 年 7 月，出席日内瓦和谈的中国叙利亚问题特使解晓岩（2016 年 3 月任命）提出了三点期待：一是维持和谈进程可持续，不破裂，不失速。各方要避免仓促介入分歧严重的核心问题，从相对易于形成共识的问题入手，循序渐进，不断积累互信。二是巩固政治解决大方向，不动摇，不反复。停火局面需要通过循序渐进的政治进程来巩固，和谈也需要一些阶段性成果，给谈判双方和国际社会以信心。三是坚持叙利亚人民自主自决，创条件，巧引导。国际社会应引导叙利亚政府和反对派保持耐心，充分协商，做出符合叙利亚长远和根本利益的决定。

2018 年 1 月，中国政府的叙利亚问题特使解晓岩在出席索契会议时表示，为解决冲突，中国愿同叙利亚政府和反对派保持接触，愿同俄罗斯和联合国代表协调行动。解晓岩特使同时表示，中国愿意参加叙利亚战后重建工作，但强调“伊斯兰国”虽已被消灭，其残余势力和其他恐怖组织仍然存在，是对中东地区乃至整个世界的严重威胁，呼吁国际社会扩大反恐合作。中国政府的叙利亚问题特使出席索契会议，反映了中国在叙利亚问题调解中担负越来越大的责任，说明中国是寻求和平解决叙利亚问题所有国际机制的参与者。

2018 年 2 月，联合国安理会就叙利亚问题召开紧急会议，中国常驻联合国代表马朝旭阐述了中国立场。马朝旭大使强调，政治解决是叙利亚问题的唯一出路，呼吁国际社会支持各方在联合国斡旋下，尽快恢复谈判，通过“叙人所有、叙人主导”的政治进程，寻求各方均可接受的解决方案，从根本上缓解人道主义危机，让叙利亚人民早日摆脱苦难。安理会应在叙利亚问题上保持团结，对外发出一致声音。

2. 中国政府始终积极劝和促谈，与冲突各方均保持接触，并设立了叙利亚问题特使

中国与巴沙尔政权和几个主要反对派均保持接触，在局势陷入胶着之时劝和促谈，发挥负责任大国作用。2012 年 9 月，叙利亚反对派组织“全国民主变革力量民族协调机构”代表团访华。2013 年 2 月，叙利亚常务副外长费萨尔·米格达德访华。2013 年 8 月，叙利亚总统特使、总统政治与新闻顾问夏班访华。2013 年 9 月，叙利亚国内反对派组织“全国对话联盟”代表团访华。2014 年 4 月，叙利亚反对派组织“反对派和革命力量全国联盟”（全国联盟）主席杰尔巴访华。2015 年 10 月，叙利亚总统特使、总统政治和新闻顾问夏班再度访华。2015 年 12 月，叙副总理兼外长穆阿利姆访华。这些代表团访华期间与中国政府就叙利亚局势和推动危机的政治解决交换意见，中国政府始终积极、平衡做各方工作，劝和促谈。由于冲突双方严重缺乏互信，而其他相关国家也都有各自明确的立场，中国成为叙利亚问题国际会议中唯一中立的大国。相对超脱的角色使得中国在各方之间搭建沟通的桥梁，起到斡旋的建设性作用。

2016 年 3 月，危机解决进入关键节点，在国际社会共同努力下，停火协议总体得到落实，国际人道主义救援不断推进，日内瓦和谈重启。中国任命资深外交官解晓岩大使出任中国政府叙利亚问题特使，旨在更好发挥劝和促谈作用，更加积极贡献中国智慧和方案，更加有效加强同有关各方沟通协调，为推动叙利亚问题最终妥善解决继续发挥建设性作

用。4 月，解晓岩特使在大马士革分别会见了政府和反对派代表，重申中国政府在不干涉内政的前提下推动政治解决的一贯主张，坚决维护叙利亚的主权独立和领土完整，坚持叙利亚的前途命运由叙利亚人民自主决定，坚持联合国发挥斡旋主渠道作用，呼吁有关各方通过包容性的政治对话，找到符合叙利亚实际兼顾各方关切的解决方案。12 月，解晓岩特使在访问叙利亚时表示，中方一贯主张政治解决叙利亚问题，坚持联合国发挥斡旋渠道、叙利亚人民自己决定，从“实现停火、政治谈判、人道救援、合作反恐”四条轨道并行推进政治解决，通过“叙人所有、叙人主导”的政治进程找到符合叙利亚实际且兼顾各方关切的解决方案。有关各方应增强相互理解，展示诚意，建立互信，先易后难，在政治解决叙问题的道路上逐步增进共识。此后，解晓岩特使几乎出席了有关叙利亚问题的各轨各轮会谈，始终坚持公正客观立场，更加有效地发挥着建设性大国作用。

3. 中国政府始终以高度负责的态度，谨慎表决安理会涉叙利亚问题决议

2011 年 10 月、2012 年 2 月和 7 月，安理会讨论对叙利亚制裁决议时，中国与俄罗斯一起三投否决票。2013 年 5 月，第 67 届联大讨论由英国、美国、法国、德国等起草的政治过渡决议，该草案片面指责巴沙尔政府使用重型武器，中国、俄罗斯等投了反对票，要求充分考虑各方意见，不要强推表决，以免影响政治解决的势头。2014 年 5 月，中俄在安理会否决了一项把叙利亚问题提交国际刑事法院，并有可能以战争罪和反人类罪对巴沙尔提出起诉的决议草案。2015 年 11 月，联合国人权理事会讨论由沙特提出的决议草案，该草案“以最强烈的方式谴责”叙利亚政府对本国人民“持续不断的武装暴力”，包括中俄在内的 15 个国家投了反对票。

在涉及安全和人道主义救援决议时，中国基本投了赞成票：2013 年 9 月，安理会讨论“化武换和平”决议（第 2118 号）时，中国同意授权对叙利亚存在的化学武器进行核查和销毁，将局势从一触即发的战争

边缘拉回到和平轨道。2014 年 2 月，中国投票赞成安理会关于叙利亚人道问题的决议（第 2139 号），重申尊重叙利亚的主权、独立、统一和领土完整，要求立即停止一切形式的暴力，采取各种措施保护平民，敦促各方采取一切步骤，协助联合国及联合国专门机构等的人道主义救援。2015 年 12 月，联合国安理会讨论关于政治解决叙利亚问题的决议时，中国投票赞成。该决议主要内容为立即停火、开启和谈，并强调叙利亚人民将决定叙利亚的未来。中国还对几项支持缓解叙利亚人道局势、调查化武袭击事件、推进停火止暴的安理会决议投了赞成票。

中国只在国际社会将人道主义援助政治化的苗头出现时，才有可能弃权或反对。2016 年 10 月，正当叙利亚政府收复阿勒颇胜利在望时，西方国家为了给反对派争取喘息之机，推动法国与西班牙就叙利亚局势提交草案，俄罗斯在表决时投了反对票，中国投了弃权票。中国常驻联合国代表刘结一表示，该决议草案包含了推动停火、呼吁政治解决、改善人道局势、加强打击恐怖主义等要素，但部分内容未能体现对叙利亚主权、独立、统一和领土完整的充分尊重，一些安理会成员的建设性意见未能得到采纳，中国不得不对决议草案投了弃权票。12 月，联合国安理会再次表决由埃及、西班牙、新西兰等提出的叙利亚问题决议草案，中国和俄罗斯联手投了反对票。刘结一大使表示，在各方仍存在分歧的前提下，就决议草案采取行动，无助于有关国家的外交努力，也无助于解决叙利亚问题。安理会应在叙利亚问题上保持团结，发出一致声音，共同为推动叙利亚问题早日政治解决发挥建设性作用。2017 年 2 月，联合国安理会就有关叙利亚化学武器问题的决议草案表决，中国与俄罗斯再次行使了否决权。这份由法国、英国、美国联合提交的草案，旨在以化学武器为由对叙利亚进行制裁。刘结一大使表示，中国坚决反对任何国家、任何组织、任何人在任何情况下使用化武，坚决主张惩处任何使用化武的行为。某些国家曾以“拥有大规模杀伤性武器”为由发动战争，给中东国

> 中国坚决反对任何国家、任何组织、任何人在任何情况下使用化武，坚决主张惩处任何使用化武的行为。

家造成巨大灾难。历史经验教训必须吸取，否则难免重蹈覆辙。在安理会成员严重分歧情况下强行表决，无助于解决叙利亚化武问题，无助于推进日内瓦和谈和叙利亚问题的政治解决。

4. 中国政府高度关注战火中的叙利亚人民，积极参与国际人道主义救援

对叙利亚的国际救援主要通过联合国和红十字国际委员会进行，中国政府积极参与相关的人道主义救援项目。2012 年 3 月，红十字国际委员会对中国政府提供的人道救援表示赞赏。同年 8 月，中国常驻联合国代表李保东表示，叙利亚人道主义救援努力应恪守中立和公正原则，避免人道主义政治化，坚持人道救援非军事化，而且只有赢得叙利亚人民的信任，才能确保救援行动顺利实施。2015 年 10 月，为帮助叙利亚及其周边受难民潮影响的国家应对严峻的人道主义危机，中国政府宣布向叙利亚、约旦、黎巴嫩等国提供价值 1 亿元人民币的人道主义援助。

2016 年 1 月，中国常驻联合国代表刘结一强调，实现叙利亚问题的政治解决，是解决包括人道问题在内的相关问题的根本之道。中国积极支持缓解叙利亚人道危机，迄今已通过多个渠道、分 9 批次向叙利亚及地区国家提供总计 6.85 亿元人民币人道援助。中国政府愿同国际社会共同努力，继续为缓解叙利亚人道危机、改善叙利亚民生做出贡献①。2016 年 6 月，中国向叙利亚捐赠 1 100 箱农作物种子（14 种当地传统粮食类作物）②。11 月，提供了价值 7 000 万美元的人道主义援助。2017 年 2 月，中国又向叙利亚提供了两笔无偿援助，用于提供人道主义物资和实施人道主义项目。

中国的叙利亚政策具有公正性、公开性、连续性等特点，始终坚持“正确义利观”，坚定维护《联合国宪章》的宗旨和原则，坚决反对外部

---

① 在 2015 年举行的 G20 峰会上，习近平主席宣布向有关国家和国际组织增加 1 亿美元的人道主义援助。

② 宦翔. 中国向叙利亚捐赠 1 100 箱种子. (2016-06-17). http://world.people.com.cn/n1/2016/0617/c1002-28453810.html.

干涉。中国主张叙利亚各派应以国家和民族利益为重，在联合国主持下开启"叙人所有、叙人主导"的政治解决进程。作为安理会常任理事国，中国秉持公正立场，在不同场合与各方保持接触，并多次提供无偿援助，赢得各方信任，各方均将中国视为解决叙利亚问题的重要参与者和协调人。随着"一带一路"倡议拓展，中国将继续努力推动各方相向而行，为叙利亚问题的最终解决贡献智慧。

四、叙利亚危机的前景

自 2011 年叙利亚危机爆发以来，持续的暴力冲突已造成至少 46 万人死亡，150 万人致残，约 1 200 万人（战前一半人口）失去家园，其中 560 万人逃离国境成为难民，610 万人成为内部流离失所者，由此形成了二战以来全球最大规模的难民潮，并给临近的欧洲国家造成新的社会危机。目前，叙利亚境内有 1 300 多万人需要人道主义援助，包括 600 万儿童。战争和内乱给叙利亚带来空前灾难，国家基础设施严重破坏、资本外流、旅游业遭受重创，占政府收入近半的石油产业严重衰退……初步估计损失约 2 260 亿美元，相当于 2010 年叙利亚国内生产总值的 4 倍①，首都大马士革已从"人间天堂"② 沦为人间地狱，全国一片废墟。

从最初的冲突到地区热点、从内战到"小型世界大战"，叙利亚危机历经演变，博弈焦点也一路从"倒巴沙尔"、反恐，转变为后"伊斯兰国"时期的地盘争夺。在这场地缘政治博弈中，重重矛盾相互交织。对于叙利亚政府而言是一场捍卫政权生存、主权独立、领土完整的民族保卫战，对于中东国家而言更多表现为逊尼派与什叶派阵营的对峙，对于域外大国而言则是争抢势力范围。其间，夹杂着侵略与反侵略、干涉

① 事实和数据：叙利亚冲突.（2018－03－27）. https://news. un. org/zh/story/2018/03/1005151.

② 阿拉伯古籍曾记载："人间若有天堂，大马士革必在其中，天堂若在空中，大马士革必与之齐名。"因此大马士革被称为"天国里的城市"，1979 年被联合国教科文组织列入《世界遗产名录》。

战乱让叙利亚满目疮痍

与反干涉、恐怖与反恐怖等多重性质的复杂较量。

目前，叙利亚政府日趋稳固，反对派实力大为削弱，西方国家对叙利亚的政权更迭也暂时止步。下一阶段，巴沙尔政府将把着力点放在四个方面：一是在收复区内肃清反政府武装残余力量，二是重建基础设施，三是安置难民，四是争取国际社会支持①。随着危机重回政治轨道，一场看不见硝烟的角逐也悄然开启②。政治谈判虽已成为国际社会共识，但发展前景取决于博弈结果，最大症结在于外部势力能否停止在叙利亚问题上的干预，而没有地区国家和域外大国的互动与妥协，危机也不可能得到彻底解决。此外，一个阻碍各方达成一致的关键点始终没有突破，即巴沙尔及其核心领导层的未来安排。虽然美俄均无意因巴沙尔派系的去留而妨碍和平进程的推进，但此事极有可能引爆新的地区冲突，叙利亚危机有可能演变为以色列与伊朗之间的对决。

由此可见，巴沙尔要想完成实质意义上的政权统一非常艰难，战争

① 邵杰，郑一晗，杨臻，张大成. 东古塔战事已定，特朗普会撤兵?（2018-04-04）. http://www.xinhuanet.com/mil/2018-04/04/c_129843759.htm.

② 叙利亚相关各方均接受联合国安理会第2254号决议设置的政治和解路线图：全面停火，和平谈判，分权过渡，起草宪法，举行大选。

的尘埃尚未落定。各方博弈下，叙利亚可能一分为三：俄罗斯和伊朗支持巴沙尔政府控制全境大部，美国支持库尔德人控制东北部约 1/4 的土地，土耳其支持"叙利亚自由军"在阿夫林建立缓冲地带。叙利亚将出现以瓜分势力范围为主、反恐为辅，以外交冷战为主、军事热战为辅，以以色列-伊朗明斗为主、沙特-伊朗暗斗为辅的趋势，危机将进入政治解决艰难和低烈度冲突并存的僵持期①。叙利亚这场引发地缘政治关系重构的危机，必将成为 21 世纪中东国际关系变化的分水岭。

---

① 刘中民. 战术应对 VS 战略运筹：土耳其出兵叙利亚背后的美俄博弈.(2018-01-24). https://www.thepaper.cn/newsDetail_forward_1965437.

乌克兰危机依旧难解

乌克兰危机依旧难解

中国国际问题研究院欧亚研究所　韩　璐

乌克兰危机于 2014 年 4 月爆发。在明斯克协议和新明斯克协议双重保障下，乌克兰东部总体平静的态势曾维持了一段时间。但进入 2017 年以来，乌克兰东部局势再次紧张，这与乌克兰政府军与东部民间武装之间矛盾加剧有关，也与大国关系的变化密不可分，再次证明了乌克兰危机的解决任重道远。

一、危机继续发酵

自 2017 年至今，由于俄罗斯、乌克兰、美欧等危机三方内外形势的变化，新明斯克协议未得到有效执行，乌克兰东部地区形势进一步复杂化，乌克兰危机再次吸引了全世界眼光。

（一）乌克兰东部地区形势骤然紧张

2017 年 1 月 29 日，乌克兰东部热战复燃。乌克兰政府军在顿涅茨克阿夫杰耶夫卡市附近频繁进攻，东部民间武装与之激烈交火，双方均使用了重型武器。一周内造成至少 39 人死亡，阿夫杰耶夫卡市进入紧急状态。随后，乌克兰极端民族主义分子以任何与自行成立共和国的贸易都是走私行为为由封锁了顿巴斯地区的铁路运输线，“卢甘斯克人民共和国”和“顿涅茨克人民共和国”对此的回应是停止向基辅供应煤炭，并对所有未在两“共和国”注册的乌克兰企业实施外部管理。在上述背景下，2 月 18 日，普京签署命令，“临时承认”“顿涅茨克人民共和国”和“卢甘斯克人民共和国”乌克兰公民和“无国籍”人士的一系列身份证件，准许他们免签进出俄罗斯。此举引发乌克兰政府严重抗议和西方国家强烈谴责。

本来，从 2015 年 2 月新明斯克协议生效后，乌克兰东部战事已趋于平静，偶有交火，但并未发生大规模激烈冲突。此次形势突然急转直下主要来自乌克兰政府的主动作为，其动机主要有以下几点：

第一，俄美关系一度趋缓态势令乌克兰政府感到恐慌。特朗普出任美国总统前多次表示愿与俄罗斯缓和关系，甚至称将承认克里米亚归属俄罗斯。特朗普上台后，美俄之间互动频繁，两国关系大有回暖趋势，特别是在2017年1月28日，特朗普主动与普京通电话，表示美国尊重俄罗斯，致力于改善双边关系。美俄总统电话连线加剧了乌克兰政府对美国即将“抛弃”它的恐惧。乌克兰危机爆发以来，美国是乌克兰政府坚定的支持者，对其提供了一系列的经济、军事援助。在加强对乌克兰军事人员培训的同时，还与乌克兰在北约框架下，举行多次军演，震慑俄罗斯。乌克兰总统波罗申科担忧，一旦乌克兰失去美国支持，其外部将遭到来自俄罗斯更大的压力，不仅克里米亚问题被忽略，统一东部地区也会化为泡影，甚至还会引发国内政局动荡，危及其执政根基。因此在美俄两国总统通话后的第二天，乌克兰政府就采取军事行动，意在分化美俄立场，引起美国关注，牵制危机缓和进程。

第二，寻求欧盟的继续支持。自2016年以来，欧盟因英国脱欧、难民危机、恐怖袭击等问题自顾不暇，对乌克兰的关注度大为下降。同时，欧盟对乌克兰政府政治经济改革以及反腐工作原地踏步感到极其失望，援助之心有所减弱。欧盟在乌克兰入盟、免签问题上也不够积极，而且在“诺曼底四方”会谈中并未发挥应有作用，仅停留在要求各方履行明斯克协议，其提出的所谓“路线图”也成为空谈。乌克兰政府特别在意的欧洲国家的投资，不仅未出现增长之势，反而在下降。如德国，2014年对乌克兰直接投资57亿美元，2016年则为55亿美元，2017年则下降到20亿美元；法国2014年是16亿美元，2016年则为15亿美元①。因此，乌克兰政府此番主动进攻，也是希望重新博得欧盟的注意，继续加强对乌克兰的政治与经济支持，维持对俄罗斯的制裁。

第三，转移国内视线，淡化国内热点问题。波罗申科执政期间，并未建立起良性的政治体制，腐败、寡头政治仍是政治制度发展的重要障碍，经济体制改革停滞不前，2013—2015年乌克兰经济萎缩20%，2017

---

① http://dpchas.com.ua/ekonomika/germaniya-investirovala-v-ukrainu-pochti-2-mlrd.

年国民经济生产总值只相当于1991年的70%。影子经济仍占GDP的50%[①]。同时，在统一乌克兰东部地区问题上，乌克兰政府也未有建树。民众失望情绪蔓延，认为政府腐败无能，与往届政府相比换汤不换药。民调显示，乌克兰一半民众对乌克兰任何政治力量都缺乏信任。可见，乌克兰政府在东部地区激化冲突，也有转移国内视线之目的。

（二）乌克兰东部地区提出建立“小俄罗斯”国

2017年7月18日，“顿涅茨克人民共和国”领导人扎哈尔琴科宣布，将在乌克兰成立新的国家“小俄罗斯”，以彻底解决东部地区冲突。“小俄罗斯”国将包括敖德萨、第聂伯罗彼得罗斯克等乌克兰东南部多州，“定都”顿涅茨克，基辅将成为历史文化中心，失去首都地位。同时将在“小俄罗斯”国实施为期3年的紧急状态，其间禁止所有政党活动。该“共和国”副总理亚历山大·季莫费耶夫表示，“小俄罗斯”国与明斯克协议并不矛盾。“小俄罗斯”宪法将确定恢复与俄罗斯联系的方针，并将着力加入俄白联盟。“顿涅茨克人民共和国”作战指挥部副司令巴苏林则表示，已经为基辅方面针对“小俄罗斯”国的建立发起大规模行动的可能做好战斗准备[②]。乌克兰总统波罗申科对此立即回应称，东部个别地区独立的企图早已破产，乌克兰将会恢复对乌克兰东部地区以及克里米亚的主权。一时之间，乌克兰东部地区紧张气氛骤起，战争疑云密布。

欧盟对此也均表示强烈反对，认为建立“小俄罗斯”国违背了明斯克协议，不能为各方所接受。俄罗斯国家杜马独联体事务委员会主席卡拉什尼科夫则表示，成立“小俄罗斯”国不仅是可能的，而且是不可避免的，这是东部地区人民摆脱战争的出路。作为俄国家杜马官员，他不能支持这一决定，但作为个人，他早就呼吁俄罗斯承认这两个“共和国”[③]。俄罗

---

① http://maxpark.com/community/6825/content/5130455.

② 乌东建“小俄罗斯”国激怒基辅 乌总统誓言收回克里米亚主权.（2017-07-19）. http://world.huanqiu.com/exclusive/2017-07/10999675.html? from=bdwz.

③ 乌东建“小俄罗斯”国激怒基辅 乌总统誓言收回克里米亚主权.（2017-07-19）. http://world.huanqiu.com/exclusive/2017-07/10999675.html? from=bdwz.

斯总统新闻秘书佩斯科夫对此表示，俄罗斯事先并不知晓此事，该倡议是扎哈尔琴科的个人主张，俄罗斯仍然尊重明斯克协议。

之所以出现建立“小俄罗斯”国的主张，与 2017 年 7 月初乌克兰总统波罗申科责成乌克兰国家安全与国防委员会拟订“顿巴斯重新一体化”的法案有关。该法案强调通过政治途径解决乌克兰东部冲突的同时，考虑扩大乌克兰武装力量采取军事行动的自由，这引发乌克兰东部民间武装不满。也有舆论认为，扎哈尔琴科发表此番言论可能是出于乌克兰民间武装内部政治需要。“卢甘斯克人民共和国”人民委员会主席杰格佳连科称，卢甘斯克对此事并不知情，成立“小俄罗斯”国的计划对于卢甘斯克来说十分意外。

2017 年 5 月 11 日，顿涅茨克当地民众游行庆祝“顿涅茨克人民共和国”成立 3 周年

（三）乌俄对立加剧

2018 年 1 月 18 日，乌克兰议会二读通过《顿涅茨克州和卢甘斯克州临时被占领土重新一体化法案》（简称《顿巴斯重新一体化法案》），法案将不受基辅控制的顿巴斯地区定性为“临时被占领土”，将俄罗斯称为“侵略者”，并赋予乌克兰总统在“临时被占领土”动用武装力量对抗“侵略”的权力。法案还规定，乌克兰政府可以建立跨部门协调机构，为乌克兰向俄罗斯进行统一索赔做法律准备，旨在让俄罗斯承担“武装侵略”的国际责任。总之，该法案将使乌克兰政府在乌克兰东部地区使用军队的做法合法化。2 月 20 日，乌克兰总统波罗申科签署这一法案，表示法案与乌克兰所承担的新明斯克协议规定的义务没有任何矛盾。基辅将会遵守所有国际义务，并强调和平调解顿巴斯问题的重要性。但是，他又表示：“该法律明确了乌克兰的自卫权。”

俄罗斯对此表示严重不满。俄联邦委员会主席马特维延科认为，“《顿巴斯重新一体化法案》不仅葬送了明斯克协议，还将为波罗申科不负责任并无限制地使用军队和武器创造条件”。俄罗斯杜马在官网上公布了所有 4 个党团的联合声明，指责该法案旨在破坏明斯克协议；俄外交部发表声明称，《顿巴斯重新一体化法案》生效表明乌克兰政府“最终确立了以武力解决乌克兰东部冲突的目标”，该法案无意通过对话、缓和紧张的和平方式解决问题，将可能导致乌克兰东部冲突地区局势严重恶化①。

此外，《顿巴斯重新一体化法案》从法理上认定俄罗斯是一个“侵略国”和“国际武力冲突国家”，这无疑为两国关系埋下了一颗危险的种子，加剧两国关系的对立。乌克兰政府军也从 2018 年初开始对东部地区采取军事行动，这表明乌克兰政府要用军事手段解决东部问题的可能性增大。乌克兰政府在顿巴斯问题上积极性主动性提高的主要原因是：

第一，大国关系的演变逐渐有利于乌克兰。乌克兰危机爆发后，美欧等支持乌克兰的主权和领土完整，不承认克里米亚“加入”俄罗斯的公投结果。特朗普上台前虽然曾表示要改善与俄罗斯的关系，但上台后受到“通俄门”调查的影响而对俄采取强硬政策，出台了包括“克里姆林宫名单”在内的一系列对俄经济制裁措施，进一步扩大对俄制裁的深度和广度，两国关系降到冷战后最低点。欧盟对俄政策亦是

① 俄外交部说乌克兰新法案可能导致乌东部冲突升级.（2018－02－24）. http://www.xinhuanet.com/world/2018-02/24/c_1122448569.htm.

如此。2017 年 8 月，欧盟以俄罗斯非法向克里米亚供应西门子燃气涡轮机为由，将一系列俄官员和企业加入欧盟制裁名单。12 月，欧盟还认为俄罗斯未能有效执行明斯克协议，决定延长对俄经济制裁至 2018 年 7 月 31 日。

第二，北约增加在东欧及波罗的海国家的军事部署，加强与乌克兰的军事合作，一定程度上增强了乌克兰的安全信心。乌克兰危机爆发以后，北约强化了其在东欧的军事部署。2016 年北约华沙峰会后，由美英德等北约成员国组成的 4 支战斗群被派驻在波兰和波罗的海沿岸地区。美国陆军向东欧地区增派了一个定期轮换的装甲旅战斗队。2017 年，北约在黑海地区举行的军演超过 18 次，频繁地在乌克兰举行联合军事演习。2017 年 7 月，北约成员国在乌克兰举行“海上微风—2017”军演，共有 16 国参演，超过 30 余艘军舰参加。2017 年 9 月，包括美国在内的北约国家在乌克兰西部利沃夫州举行“快速三叉戟—2017”多国军演，这标志着乌克兰与北约的军事合作进一步增强。北约还加大对乌克兰的军事援助，2017 年 12 月，特朗普政府打破奥巴马时期的禁忌，向乌克兰提供了价值 4 700 万美元的军事装备，包括进攻性军事武器，如 210 枚反坦克导弹和狙击步枪等武器。北约积极与乌克兰开展安全合作，给予乌克兰政府收回顿巴斯地区、与俄罗斯加强对抗的信心。

与此同时，经济战、舆论战也在乌俄两国之间不断进行。2018 年 3 月初，欧洲遭遇极寒天气，对俄罗斯天然气的需求达到高峰，俄乌之间的“斗气”却再次升级。3 月 1 日，俄天然气工业股份公司不满斯德哥尔摩商会仲裁院的裁定，宣布停止向乌克兰供气，迫使后者以高出 3 倍的价格从波兰购买天然气。3 月 14 日，乌克兰青年和体育部长签署命令，宣布该国运动员不参加在俄罗斯举办的任何比赛。3 月 18 日，俄罗斯大选举行，乌克兰政府禁止在乌克兰的俄罗斯人前往俄使领馆投票，还派警察用栅栏将使馆严严实实地包围起来，此举导致了 6.5 万名俄公民未能投票。3 月 21 日，乌克兰政府决定终止与俄罗斯的经济合作计划（这份 2011 年 6 月签署的计划旨在深化两国间自由贸易，加大双边投资保护力度）。

乌克兰还加快靠近欧盟、北约的步伐，导致与俄罗斯关系不断探底。2017 年 4 月 6 日，欧盟以压倒性多数票批准《乌克兰公民免签入境欧盟法案》。该法案规定，入境的乌克兰公民可在任意 180 天内停留 90 天，用于旅游、访问亲友和商务目的，但不能工作。2017 年 9 月 1 日，欧盟—乌克兰联系国协定正式生效。乌克兰总统波罗申科说，该协定生效，表明乌克兰同欧盟一体化进程取得历史性突破。根据双方协定，乌克兰公民在欧盟国家移民、务工等方面将获得更多便利和保护。协定还包含了 100 余项新内容，双方在国防、税收、边防和反恐等领域的合作大大加强。

乌克兰加入北约进程也取得一定突破。2017 年 6 月 9 日，乌克兰议会修改《对内对外政策原则法》，将加入北约列为外交政策优先方向，从法律上正式把加强同北约关系并最终加入北约定为乌克兰外交政策优先方向之一。2017 年 7 月，乌克兰总统波罗申科与北约秘书长斯托尔滕贝格在基辅召开的联合记者会上宣布，乌克兰开始讨论加入北约的行动计划，计划到 2020 年达到北约标准。2018 年 3 月，北约网站将乌克兰列入北约“申请国”名单里。据民意调查，56.2%的乌克兰受访者赞成加入欧盟，43.3%受访者赞成加入北约，只有 9.7%赞成与俄罗斯接近①。

二、中国的立场

一直以来，中国政府在乌克兰问题上的基本立场有三：一是尊重乌克兰的国家主权和领土完整，二是秉持客观公正立场，三是主张以和平谈判而非暴力对抗的方式最终解决乌克兰危机。

针对 2017 年初乌克兰东部地区战事升级，中国政府再次重申以和

① Порошенко поведет Украину в ЕС и НАТО, прикрывшись референдумом. http://www.ng.ru/cis/2017-12-04/1_7128_ukraina.html.

平方式解决东部地区问题的立场。2017 年 2 月 2 日，中国常驻联合国代表刘结一大使在会上表示，中方一直密切关注乌克兰东部地区局势发展，对近期该地区交火事件时有发生并导致平民伤亡深感忧虑，呼吁冲突双方严格遵守停火机制，坚持政治解决的大方向。刘结一表示，要从根本和长远上解决乌克兰问题，既要充分照顾乌克兰国内各地区、各民族的正当权益和诉求，也要重视解决有关各方的合理关切，实现各方的利益平衡；应坚持通过对话协商，寻求乌克兰问题的全面、持久、平衡解决方案，推动乌克兰实现和平、稳定与发展，促进乌克兰各民族和谐相处、乌克兰与地区各国和平共处；国际社会应继续支持有关各方政治解决乌克兰问题的外交努力。

在此背景下，当前中国发展与乌克兰关系重点是经济发展和造福民生，推动与乌克兰共建“一带一路”，以此来促进乌克兰的稳定，一定程度上推动危机的解决，而不能让暂时的地缘政治危机干扰双方关系大局，成为阻碍两国关系长期发展的障碍[①]。

三、路在何方

自 2014 年 4 月乌克兰顿巴斯地区爆发军事冲突以来，据联合国最新数据，冲突死亡人数已超过 1 万人。旨在调解顿巴斯局势的明斯克联络小组，自危机爆发以来已经通过了 3 份规定冲突缓解措施的文件，然而该地区冲突交火情况仍在持续，且未来很长一段时期内还将继续。加之乌克兰新总统泽连斯基上台，乌克兰危机如何演化尚需进一步观察。

（一）乌克兰政府仍无力解决东部地区问题

第一，乌克兰国内政治秩序仍未理顺。波罗申科当政 4 年多，乌克

① 张弘. 中国与乌克兰“一带一路”合作的风险与应对. 和平与发展，2017（4）.

兰政治混乱、各党派争权夺利、寡头干政、高度腐败的局面并未改变。2016 年 4 月，波罗申科的政治盟友格罗伊斯曼取代亚采纽克成为新任总理，并组建新政府。政府重组后，党派斗争依然很激烈，政见分歧严重。组成新执政联盟的波罗申科联盟和人民阵线在新政府内各占 8 名和 6 名部长职位，在议会内各占 150 席和 82 席，两派之间长期争斗，不仅各自支持率已下降到不足 10%和 2%[①]，而且给乌克兰政局带来不稳定因素。此外，近年来乌克兰国内民粹主义上升，在其影响下，乌克兰约一半的民众对政府在东部问题上的无作为颇为不满，要求政府在克里米亚、东部冲突问题上不能做出任何妥协和让步。民调显示，波罗申科的支持率在 2018 年 2 月降至其就职以来的最低点，仅为 14%。71%的受访者认为乌克兰的发展方向不对，66%认为最近一年该国经济状况恶化[②]。2018 年 3 月 18 日，乌克兰民众广场集会，要求乌克兰总统波罗申科下台。作为反对派的自助党、祖国党、激进党以及新成立的“为生活”党的支持率则大幅上升。

2019 年 4 月 21 日，泽连斯基在大选中获胜，当选总统。如何处理东部地区问题，是摆在他面前的一个棘手问题。

第二，乌克兰元气恢复尚待时日。2014 年开始的乌克兰危机不仅是一次政治危机、安全危机、地缘政治危机，更是一场严重的经济危机，让本已处于颓势的乌克兰经济又倒退数年。从 2016 年开始，得益于国内需求复苏和较低的比较基数，乌克兰经济开始企稳，当年国内生产总值增长 2.3%，2017 年增长 2.1%[③]，但这并没有根本扭转发展颓势，经济形势仍很严峻。2016 年、2017 年该国通货膨胀率仍分别高达 13.9%、14.4%，国债已增加到 770 亿美元，占 GDP 的 85%，全国 58%的居民生活在贫困边缘。

虽然西方国家在乌克兰危机爆发以来对乌克兰经济多次“输血”，

---

① 赵会荣. 乌克兰东部热战的冷思考. 世界知识，2017（5）.

② 寒潮远去 但乌克兰没有春天. 青年参考，2018-03-28.

③ 乌克兰 2017 年经济增长 2.1%.（2018-02-03）. http://www.xinhuanet.com/world/2018-02/03/c_129804806.htm.

已累计援助 34.1 亿欧元[①]，2018 年 3 月，欧盟委员会出炉了第四份财政援助计划，金额达 10 亿欧元，但这也仅能帮助乌克兰维持日常运转。同时由于乌克兰危机的长期性，西方国家一直避免对乌克兰大规模投资。此外，乌克兰将面临还债高峰期，2018—2022 年要偿还 642 亿美元债务，鉴此，未来 3～4 年乌克兰发展资金极度缺乏，加之经济结构改革停滞，该国经济发展前景不容乐观。世界银行认为，如果不进行一系列关键性改革，包括反腐败、金融改革、国企私有化等，乌克兰 2018—2019 年经济增长不超过 1.5%[②]。乌克兰经济恢复到 2013 年水平还需 10 年时间。经济不景气不仅给社会稳定带来消极影响，而且也造成乌克兰政府解决东部地区问题缺乏底气。

第三，《顿巴斯重新一体化法案》口号大于实践。法案宣布俄罗斯是“侵略国”，实际上是乌克兰政府一种情绪上的宣泄，不能实质上化解危机，甚至有可能激化东部分离武装组织的立场。虽然法案赋予乌克兰政府采取军事手段解决顿巴斯地区问题的权力，并且认定俄罗斯是威胁乌克兰政府对顿巴斯地区加以控制的“侵略者”；但是，俄罗斯的军事能力远超过乌克兰，即便不出动正规军，亲俄武装组织仍可以牢牢控制该地区。虽然最近三年乌克兰政府不断扩充军队规模和大幅提高军费，但在可预见的时间内乌克兰政府军都不可能具备用军事手段解决危机的能力。

(二）新明斯克协议难以彻底落实

2015 年 2 月乌克兰危机各方签署的新明斯克协议，虽然终止了乌克兰东部地区大规模冲突，该地区安全形势有所缓解，但协议包含的 13 项措施中，只有加强乌克兰问题三方联络小组在明斯克的会谈一项真正得到了落实，交换俘虏、后撤重武器等措施得到部分落实，其他措施毫无进展，乌克兰东部地区冲突不时发生。

---

① 寒潮远去 但乌克兰没有春天．青年参考，2018-03-28.

② https://lb.ua/economics/2018/04/10/394860_vsemirniy_bank_prognoziruet_rost_vvp.html.

2017 年 12 月 27 日，乌克兰政府军与东部武装在中立地带举行了换俘仪式。这是自 2014 年乌内战爆发以来最大规模的一次换俘行动

根据新明斯克协议第 9 条和第 11 条，乌克兰政府恢复对国家边界全面控制的前提是，经与东部地区代表协商实施宪法改革并使关于分权的新宪法于 2015 年底前生效以及完成地方选举。但各方对此都有异议。由于受国内民粹主义以及政治力量的牵制，波罗申科政府坚持两步走方案，即首先恢复对乌克兰东部与俄罗斯接壤地区的控制权，之后才可进行地方选举，继而进行宪法改革等。俄罗斯对此坚决反对，认为乌克兰中央政府应当按照新明斯克协议的规定，着眼于推进东部地方选举，通过大赦法案，与东部地方政府实现直接对话，协商解决问题。欧盟则多次强调，冲突双方应彻底停火，开启政治对话，并指责俄罗斯未能促成乌克兰东部地区武装执行协议。而俄罗斯却坚称自己没有直接参与乌克兰东部地区冲突，只是乌克兰政府与东部武装力量的“调停者”，并非协议执行方。

此外，新明斯克协议缺乏有效的、相对独立的监督机制，不能保证每一条款都得到充分执行。新明斯克协议第 4 条规定，俄乌边界建立安全区以及欧安组织对俄乌边界进行监督，但并未明确两项条款的执行期限和相互关系，导致交战双方之间至今未形成安全缓冲带，欧安组织代表很难进入冲突区履行监督职能。

总之，围绕新明斯克协议，各方立场分歧只是表象，背后是各自不同的战略利益和地缘政治考量。俄罗斯希望维持现状，推动在乌克兰东部成立亲俄的主权国家或高度自治区，保持俄罗斯对该地区的影响力，继而左右乌克兰政府的内外政策；乌克兰政府希望借乌克兰东部问题，争取国内外支持，强化倒向西方的战略选择；法德等欧洲国家虽然希望看到乌克兰危机早日解决，但难以发挥决定性作用。未来一段时间，由于各方立场相去甚远且彼此不愿妥协，新明斯克协议难以彻底执行的局面不会打破，乌克兰东部地区冲突彻底平息的可能性不大。

须指出的是，自“诺曼底四方”会谈陷入僵局后，俄美两国特使苏尔科夫-沃尔科会晤模式逐渐被寄予厚望。俄美双方会晤已举行四轮，重点讨论在顿巴斯冲突地区部署联合国维和部队一事。俄美双方如果能就联合国维和部队部署问题达成一致，将对全面停火、进而推动政治解决乌克兰问题打开一扇大门。2017 年 9 月，俄罗斯总统普京提议，在乌克兰政府军与民间武装控制区的分界线区域内部署联合国维和部队，以保护欧安组织在当地的观察团。但乌克兰政府强烈反对，认为联合国维和部队应部署在整个冲突地区，包括俄乌边境，而且俄罗斯不可参与维和行动。由于双方立场分歧过大，俄美双方还将就该问题展开多次会晤，但谈判目标仅限于协调立场、避免冲突进一步升级，而不是彻底解决乌克兰危机。

（三）俄罗斯与西方关系难以改善

2017 年随着特朗普就任美国总统，法德迎来大选，国际社会普遍认为俄与美欧关系将进入缓和期，但事实却恰恰相反，这两年多来，俄美关系因“通俄门”、制裁、叙利亚化武问题跌入谷底；陷入僵局的俄欧关系，因俄特工在英国中毒，互相驱逐外交官而倒退。俄与美欧关系持续恶化且看不到缓和的希望，这无助于乌克兰危机的解决。

特朗普上任总统之初，俄罗斯曾对其寄予厚望，希望在其任内俄美关系能够缓和。但特朗普的当选使得美国内反俄势力情绪高涨，加之冷战思维主导美国对俄政策，“遏制、排斥”仍是美国对俄政策重点。可以预见，特朗普任内，对俄关系已成为美国内政问题，反俄几乎上升到政治正确的高度。在此背景下，尽管特朗普对普京抱有好感，但改善对俄关系已有心无力。“通俄门”仍在调查中，美对俄出台了多轮制裁，一轮比一轮严厉，而取消制裁的权力也不归特朗普掌握。此外，俄美结构性矛盾难以缓解，在维护战略平衡、军备竞争、叙利亚问题、乌克兰问题上双方均有很大分歧。加之，俄美关系缺乏大规模贸易支撑，2017 年俄美贸易额仅有 230 亿美元，而且在能源领域两国的竞争关系还将逐步增强。而俄罗斯对于美国敌意举动毫不示弱，针锋相对。随着普京第四次当选俄罗斯总统，俄罗斯新一轮外交周期开启。在这一任期内，普京仍将致力于维护俄罗斯大国地位及国家安全利益，延续对美强硬的外交政策，在平等的基础上寻求对话。其在 2018 年 3 月初的国情咨文中表示，俄罗斯无法被遏制，西方应该认识到这一现实。在俄美双方战略互信严重丧失的情况下，两国关系改善重启的可能性不大。

相比于对美关系，俄罗斯改善与欧关系意愿强烈。欧洲被俄罗斯视为现代化建设的资金和技术来源，且俄欧经贸联系紧密，俄罗斯 70%的外贸来自欧洲，欧盟的制裁对俄经济影响较大。欧洲则对缓和与俄罗斯关系举棋不定，对俄心态极其复杂：一方面，欧洲严重依赖俄罗斯的能源，近 40%的天然气来自俄罗斯，德国甚至达到 60%[①]，不得不与俄罗斯保持合作。欧盟部分国家与俄罗斯关系友好、经贸联系紧密，一直提倡解除对俄罗斯经济制裁。另一面，欧洲对俄罗斯的军事实力感到恐惧，对俄罗斯在乌克兰问题上的做法极其不满，认为俄罗斯破坏战后欧洲稳定与秩序，破坏了国际法，东欧和波罗的海国家更是担心会遭到俄罗斯入侵。欧洲将俄罗斯视为安全威胁，不得不依赖美国和北约的安全

① 俄罗斯与西方步入新冷战?(2018-04-12). http://www.banyuetan.org/chcontent/sz/hqkd/2018412/248666.shtml.

保障，这也引起俄罗斯的防备。鉴此，未来俄欧关系改善的可能性不大。

因此，未来一段时期内，俄与美欧关系不会好转，美欧还有可能将在乌克兰问题上大做文章，向俄罗斯发难，乌克兰危机彻底解决的希望渺茫。

阿富汗安全与和平重建新态势

阿富汗安全与和平重建新态势

中国国际问题研究院国际战略研究所　李青燕

美国从阿富汗大幅撤军后，阿安全局势愈益堪忧。阿富汗塔利班（简称阿塔）频繁发动袭击，“伊斯兰国”加紧向南亚渗透，阿富汗成暴恐活动重灾区。在阿富汗局势趋紧的情况下，特朗普政府推出阿富汗与南亚新战略，加强美国在阿军事存在，其中“扬印抑巴”策略给该地区带来新问题。面对阿富汗前途命运更加扑朔迷离的形势，中国展现大国担当，践行“亲诚惠容”周边外交理念，支持阿富汗和平重建与民族和解，协调阿富汗与巴基斯坦关系，积极探讨中巴经济走廊以适当方式向阿富汗延伸。饱受战乱之苦的阿富汗人民对和平发展的渴望令和解进程迎来转机，然前景仍难乐观。

一、阿富汗安全形势持续恶化

自 2014 年底以美军为首的北约联军大幅撤离以来，阿富汗安全形势持续紧张。塔利班卷土重来，在阿富汗全境“多点开花”，暴恐方式不断升级。“伊斯兰国”在叙利亚和伊拉克溃败后，残余势力加速向阿富汗聚集。塔利班、“伊斯兰国”等恐怖活动日益猖獗，军民死伤人数不断上升。首都喀布尔、东部的楠格哈尔省及西部的赫拉特省安全风险累积，伴随极端组织持续向北拓展势力，与中亚国家接壤的阿富汗北部地区安全形势亦明显恶化。

2017 年 1—11 月，阿富汗境内共发生 21 105 起恐怖袭击事件，比 2016 年同期增长 1%[①]。其中，针对宗教场所和政府机构的恐袭大幅增加。冲突频发造成平民大量伤亡。联合国阿富汗援助团和人权高专办最新报告显示，2017 年死伤于自杀式炸弹和简易爆炸装置的阿富汗平民人数达 2 300 名，较上一年增加了 17%[②]。这主要是由于阿塔和“伊斯兰

① Special Inspector General for Afghanistan Reconstruction. Quarterly Report to the United States Congress. Jan 30，2018：82.

② Afghanistan Protection of Civilians in Armed Conflict Annual Report 2017. United Nations Assistance Mission in Afghanistan and United Nations Human Rights Office of the High Commissioner. Feb 2018.

国”加大了对人口稠密的重点城市的袭击力度，“伊斯兰国”更是挑动阿富汗宗教派别矛盾，发动多起针对什叶派穆斯林的袭击，致使平民伤亡骤增。塔利班还取消季节性休整，维持全年攻势。2018 年伊始，喀布尔就发生了 3 起严重恐怖袭击，其中 1 月 27 日发生的萨达特广场恐袭造成逾 300 人死伤。杀伤力强大的袭击频繁发生，加重了阿富汗民众对动荡局势的恐慌。

2017 年 8 月 23 日，阿富汗南部赫尔曼德省发生自杀式袭击，造成至少 5 人死亡

（一）塔利班频繁发动袭击彰显实力

塔利班是阿富汗土生土长的极端武装组织，实力强大，曾一度掌握阿国家政权（1996—2001 年）。在与驻阿北约联军对抗了 10 余年后，塔利班虽受重创，但仍保存一定实力。阿富汗总统国家安全顾问阿特马表示，阿富汗本土恐怖分子约为 3 万～4 万人。发动自杀式炸弹袭击是塔利班惯用手段，但伴随美军大幅撤离，阿富汗安全部队兵力捉襟见肘，阿塔开始攻城略地，抢夺主要城市与联络线，扩展控制区域，与政府军在多地展开拉锯战。2017 年以来，塔利班与政府军及北约联军在坎大哈省的马鲁夫、加兹尼省的安达尔、法拉省的石比克和乌鲁兹甘省的沙希德-哈萨斯发生军事冲突，政府军凭借联军的空中支援，打退塔利班多次进攻①。据美国阿富汗重建特别检察长2017年季度报告，阿富汗13%的地区被武装组织控制，30%的地区处于阿政府与武装组织争夺之中②。美国国防部的报告显示，12%的阿人口处于武装组织控制下，24%的人口处在阿政府与武装组织争夺之中③。

塔利班频繁发动攻势，一方面是由于其头目不断更迭，领导权争夺加剧，强硬路线占据上风。塔利班灵魂人物奥马尔的继任者、曾被视为温和派的毛拉·曼苏尔于2016年被美军无人机击毙后，塔利班内部更加"碎片化"。在此之前，塔利班内部各派别已争斗不断，内讧事件时有发生。曼苏尔为彰显"领导能力"，树立强硬形象，发动多起高曝光度的恐袭事件。曼苏尔之后，新任领导人阿洪扎达被称为"强硬的宗教学者"，上台后即采取强硬措施，选择立场激进的"哈卡尼网络"头目贾拉勒丁·哈卡尼和奥马尔的儿子毛拉·雅各布当副手，武力打压反叛分支拉苏尔，拒绝与政府和谈，竭力巩固势力，扩大地盘，应对境内外极端武装组织的竞争与蚕食。阿富汗总统加尼称有21个国际恐怖组织在阿富汗活动。其中，让塔利班倍感压力的是"伊斯兰国"的渗透和蚕食。此外，塔利班竭力保持战场上的攻击势头，亦有试图在政治和解进程中攫取更多利益，增加谈判砝码的考虑。

（二）"伊斯兰国"快速扩张加剧与塔利班的竞争

动荡局势为"伊斯兰国"向阿富汗渗透提供了机会。长期战乱，阿富汗多地缺乏有效治理，地方割据和军阀混战使阿富汗犹如一盘散沙。伊斯兰极端主义思潮泛滥，且经济持续恶化，民不聊生，促成"伊斯兰

---

① Special Inspector General for Afghanistan Reconstruction. Quarterly Report to the United States Congress. https://www.sigar.mil/pdf/quarterlyreports/2018-01-30qr.pdf. Jan 30，2018：84.

② Special Inspector General for Afghanistan Reconstruction. Quarterly Report to the United States Congress. https://www.sigar.mil/pdf/quarterlyreports/2017-10-30qr.pdf，October 30，2017：106.

③ 同①86-88.

国”在阿富汗落地生根。阿富汗中央政府对地方控制力十分有限，政府军力不足。同时，塔利班力量亦不能覆盖全境，与巴基斯坦接壤的阿富汗东部地区呈现“治理真空”，“伊斯兰国”得以迅速渗透，建立稳固据点。早在“建国”之初，鉴于阿富汗重要的地缘战略位置和对伊斯兰国家的影响力，“伊斯兰国”就有意向阿富汗和巴基斯坦及周边地区渗透，先期派遣少量指挥官和伊斯兰法学家进入阿巴和中亚费尔干纳谷地，开始筹建“呼罗珊省”。此后，其势力在阿富汗悄然崛起，并在2015年中期达到活动高潮，遍及阿东部、北部、中部和西部的25个省，并基本控制楠格哈尔省东南部8个区的大部分地盘。

从2016年开始，塔利班对“伊斯兰国”势力进行反攻，将其在赫尔曼德、法拉、洛加尔和扎布尔4省的据点清除。同时，在驻阿美军、阿安全部队和地方部落武装的合力围剿下，“伊斯兰国”受重创，丢掉大量地盘，只剩阿钦、纳兹杨和哈斯卡·米娜三个控制区。[①] 为了拓展在阿生存空间，“伊斯兰国”加大舆论宣传力度，制造多起暴力事件；渲染其“圣战萨拉菲主义”的正统性，诋毁和打压塔利班声誉；煽动逊尼派和什叶派矛盾，企图垄断伊斯兰教法解释权和“圣战”领导权。“伊斯兰国”还利用阿富汗经济困境造成大量青年失业（失业率高达40%），许诺“高薪”吸引失业和贫困民众加入。同时，塔利班的分裂也让“伊斯兰国”有机可乘。“伊斯兰国”不断用“高官厚禄”拉拢阿富汗塔利班、巴基斯坦塔利班、“乌兹别克斯坦伊斯兰运动”等极端组织的低层指挥官和武装分子“投诚”，进一步侵蚀阿塔基层组织。

不过，作为外来势力，“伊斯兰国”越来越表现出“水土不服”，其在阿生存和发展均受本土力量牵制，加之驻阿北约联军已将其列为重点打击目标，“伊斯兰国”很难再现快速扩张之势。在阿约有80%的人口信奉温和的伊斯兰哈乃斐教法学派，“伊斯兰国”宣扬的“圣战萨拉菲主义”极端思想对阿民众的吸引力很小，且其在占领区的高压暴力行径

① 畅红.“伊斯兰国”在阿富汗的渗透及其前景. 现代国际关系，2017（4）.

激起阿富汗民众不满。尤其是在传统的普什图部落地区，“伊斯兰国”肆意破坏部落习俗和秩序，残忍处决部落长老、成员等暴行，引发部落民众强烈反感。与之相反，塔利班与普什图部落有着千丝万缕的关系，根基深厚且用怀柔政策笼络人心，抵制住了“伊斯兰国”的进一步蚕食。一些投靠“伊斯兰国”的塔利班成员近来归队。同时，以美军为首的驻阿北约联军调整政策，更加重视来自“伊斯兰国”的安全威胁，将其作为配合阿富汗安全部队军事行动的重点目标。“伊斯兰国”在阿富汗的四任头目均已被美阿联军击毙。内外夹击下，缺乏群众基础的“伊斯兰国”在阿富汗发展备受掣肘，无法与本土武装组织持续抗衡。但也要警惕自中东溃败的“伊斯兰国”武装人员加速向阿富汗渗透的趋势，尤其是在阿富汗政局动荡、经济衰退、各方力量博弈上升的环境下，“伊斯兰国”在阿富汗仍有较大生存空间，其恐袭活动恐将加剧阿富汗局势的动荡性和复杂性。

二、美国的阿富汗与南亚新战略带来新问题

特朗普出任美国总统 7 个月后，宣布阿富汗与南亚新战略，为美国政府继续在阿富汗驻军及保持地区战略影响力定下基调。这一以“增兵放权”“扬印抑巴”“赢取胜利”为核心的新战略，对阿富汗及地缘政治安全环境的影响将持续发酵。

（一）阿富汗新战略出台背景

2017 年 8 月，特朗普在弗吉尼亚州阿灵顿迈尔堡军事基地宣布了美国对阿富汗与南亚的最新战略①。从特朗普上台之初，由于阿形势日趋

① Remarks by President Trump on the Strategy in Afghanistan and South Asia. https://www.whitehouse.gov/briefings-statements/remarks-president-trump-strategy-afghanistan-south-asia/.

严峻，外界就在期待其关于阿富汗战略的调整，其间时常曝出美国军方和国会就这一问题进行密集研讨与评估并举办听证会等消息，美国将向阿富汗增兵的传闻也甚嚣尘上，但新战略迟迟未能正式出台。如此难产并非是特朗普不重视对阿战略，恰恰相反，特朗普在对阿战略调整上表现出难得的“慎重和理智”。特朗普将公布阿富汗与南亚新战略的讲话作为上任以来首次面对全美“黄金时段”的演讲，就可见其重视程度。可谓因为重视，所以谨慎。特朗普在演讲伊始，用了较长篇幅来说明阿富汗战略的重要性及其对这一战略认识的转变，即从直觉回归理性。

特朗普曾在总统竞选活动中承诺尽快结束阿富汗战争并在未来避免陷入此类困境，因此他必须给出足够的理由说服自己和美国民众为何仍需继续这场战争：一是美国付出巨额资金和大量人员牺牲的阿战必须要以美国的胜利来体面结束；二是草率撤出将使包括“伊斯兰国”和“基地”组织在内的恐怖组织迅速填补“安全真空”，再度使阿富汗成为恐怖分子的“安全天堂”；三是美国在阿富汗面临的安全挑战严峻，尤其是阿富汗局势恶化对美国本土安全的潜在威胁上升。特朗普摆出前总统奥巴马匆忙撤出伊拉克带来“伊斯兰国”坐大的恶果，及该地区巴基斯坦和印度均为拥核国家且两国冲突升级易造成核扩散威胁，来论证美国维持在阿富汗现有成果直至取胜的必要性。同时，特朗普选在“美国优先”政策带来国内分裂情绪增长之时宣布对阿新战略，亦有借阿战激发美国民众爱国主义情怀，弥合国内种族分歧和社会裂痕之意。

(二)“新战略”新意有限

由于细节信息有限，特朗普的阿富汗新战略更像是一个战略指导规划，并未给出美国未来在阿行动的具体计划、步骤和驻军规模等，而是提出要根据实际情况秘密制定作战计划，并基于局势变化调整美国的战略部署。这种动态战略是对前任奥巴马对阿战略的“纠正”，即不设时间表和驻军人数限制，对军事行动计划秘而不宣，给予军方更多授权，让战地指挥官可以灵活实施打击敌人的有效行动。奥巴马的阿战“撤军时间表”一直备受美国军方诟病。但实际上，在其执政后期，面对“伊斯兰国”在阿兴风作浪、“基地”组织死而不僵的严峻形势，奥巴马已下令扩大了对驻阿美军的行动授权，必要时美军可以直接参与打击恐怖分子的武装行动。特朗普此次再度扩大军事行动授权，显示其更为倚重军事手段解决阿富汗问题。这一方面是急于遏制阿安全形势恶化趋势及缓解阿问题对美国本土安全威胁上升的担忧，另一方面则透露出美国军方对特朗普制定阿富汗新战略影响较深。美国既需要保护在阿利益又希望尽早完结这场美国历史上持续时间最长的战争。几千人的小规模增兵是特朗普可行的折中之举，全部撤军或再次大规模增兵在美国国内都难以获得广泛支持。

特朗普的阿富汗与南亚新战略在战略目标和实现手段上，较奥巴马后期的阿富汗战略并无重大变化，只是侧重点有所调整。特朗普对于阿战“胜利”的定义是：攻击美国的敌人，清除“伊斯兰国”，摧毁“基地”组织，阻止塔利班掌控阿富汗，扼杀针对美国的恐怖袭击。显见美国在阿是有精准目标的“反恐”，这与奥巴马聚焦打击恐怖势力、保卫美国本土安全的战略方向是一致的。特朗普称之为“有原则的现实主义”，即“不再利用美国的军事威力在遥远的土地上构建民主或试图按照美国的模式重建其他国家”。

在实现途径上，特朗普提出三个“支柱”：综合运用外交、经济和军事等手段，迫使巴基斯坦改变反恐“两面派”做法，以及希望印度在阿富汗问题上提供更多帮助。这些仍是在延续奥巴马处理阿富汗问题上的“巧实力”策略。不同的是，特朗普对这两个重要地区国家的态度更加“爱憎分明”：对巴基斯坦的指责更加严苛，而对印度在阿富汗问题上发挥更大作用则抱有殷切希望。特朗普在 2018 年新年当天的推特上抨击巴基斯坦“充满谎言和欺骗”，称美国在过去 15 年给巴提供了 330 亿美元援助，但巴一直以为美国领导人是“傻瓜”，并称“不会再向巴提供更多援助了”[①]。实际上，美国于 2017 年 9 月已暂停了对巴 2.55 亿美元的军事援

① Trump's Tweet Was Deeply Hurtful to Pakistanis, Bilawal Tells American News Outlet. https://www.dawn.com/news/1388132.

助。巴基斯坦各界对特朗普的新战略普遍失望甚至愤怒，认为巴为阿战做出的牺牲最多，却成为美国在阿富汗挫败的“替罪羊”。印度媒体则为之欢欣鼓舞，印外交部积极回应，表示将扩大对阿富汗的重建和发展援助。

（三）“新战略”带来“新问题”

特朗普的阿富汗新战略公布后，引发各界关注。美国国务卿和国防部长等军政高官奔走北约盟国与地区国家，以推动新战略尽早发挥作用。当前来看，新战略对解决阿富汗问题的效果尚待观察，但这一战略本身给阿战及本地区形势带来了新问题：一是尽管秘而不宣和不设限制的做法，给予美军在阿富汗战场上更多的行动空间和回旋余地，但除非阿安全局势在短期内出现较大转变，从根本上扭转美军在阿的被动局面，否则特朗普的对阿新战略将湮没在难以奏效的指责中。目前美国国内及国际社会对新战略有效性的质疑已逐渐增多。二是特朗普虽然承诺将综合运用外交、经济和军事等手段处理阿富汗问题，并指出战略性地使用武力是为实现持久和平的政治进程创造条件，但却没有进一步释放有关和谈的有效信息，使美国对阿政治和解，尤其是对阿政府与塔利班和谈的态度受到质疑。巴基斯坦媒体指出，美国的最终目的仍是通过加强在阿的军事力量来赢得阿战。三是特朗普对印巴政策取向，将不利于阿富汗问题的最终解决。当前各利益攸关方在阿富汗问题上博弈加剧，难以形成合力。巴基斯坦对阿富汗问题的解决，尤其是对阿和解进程起到关键作用。当前印巴实力对比失衡、关系再度趋紧，南亚地缘战略天平进一步向印度倾斜。特朗普提出“印太战略”，强化美印战略伙伴关系，其南亚政策趋于在印巴之间选边站队。特朗普一味向巴基斯坦施压，对印度“委以重任”，将加剧印巴在阿博弈，为美国的阿富汗新战略发挥效用增加阻力。四是新战略将阿富汗问题放在美国对南亚政策的核心位置，除了印巴外，并未提及包括中国在内的其他周边地区国家。尽管美国一直强调中美在阿富汗问题上有着良好的合作基础和较大的合作空间，但其新战略反映出特朗普对推动中美在阿富汗问题上的进一步合作缺乏动力或信心，而美国与俄罗斯和伊朗等地区国家则存在更多利益分歧甚至矛盾冲突。这表明特朗普将增强与盟友的合作而弱化地区国家的作用。

阿富汗国内的反美浪潮始终未能平息

三、中国在阿富汗问题上发挥建设性作用

中国与阿富汗是传统友好邻邦，始终相互信任、理解和支持。中国认为“政治对话是解决阿富汗问题的唯一出路”，而“融入地区发展是阿和平与重建的重要出路”。中国愿在力所能及的范围内为阿政治和解进程提供支持和帮助，并推动阿富汗参与“一带一路”建设，以促进阿融入地区贸易、互联互通和经济社会发展。

（一）中国是阿富汗和解进程的积极支持者、参与者和推动者

阿富汗和平重建既需要阿政府的坚定努力，也离不开国际社会的有力支持。2017 年第 72 届联合国大会中方立场文件再次表明，中国一贯坚定支持“阿人主导、阿人所有”的和解进程，认为实现广泛包容的政

中国一贯坚定支持“阿人主导、阿人所有”的和解进程，认为实现广泛包容的政治和解是解决阿富汗问题的唯一出路，呼吁塔利班早日参与和解进程。

治和解是解决阿富汗问题的唯一出路，呼吁塔利班早日参与和解进程。中方希望有关涉阿问题国际机制加强协调与配合，共同帮助阿富汗早日实现和平、稳定与发展①。

中国在促进阿政治和解进程中发挥着建设性作用。阿富汗、巴基斯坦、中国、美国关于阿富汗问题四方机制首轮对话会于 2016 年 1 月召开。经过多次闭门磋商，四方就阿和解进程达成诸多共识，制定了阿政府与阿塔直接和谈的路线图，成为解决阿富汗问题的重要对话机制。美国击毙阿塔前头目曼苏尔后，阿巴中美四方协调组工作停滞。中方呼吁四方协调组继续开展工作，以推动阿和解进程取得突破。同时，中国积极促成恢复“上合组织-阿富汗联络组”，在印度与巴基斯坦正式加入上合组织后，阿富汗问题亦成为该组织的重要议题之一。“上合组织-阿富汗联络组”会议已于 2017 年 10 月在莫斯科举行，2018 年在中国举办了联络组副外长级会议。

中国重视地区国家在阿和解进程中的作用，与周边主要国家就阿富汗问题保持密切沟通和协商。中国多次参加由地区国家主导的阿富汗问题伊斯坦布尔进程会议，并主办第四次部长级会议，达成“深化地区合作：促进阿富汗及地区持久安全与繁荣”的《北京宣言》。中国还积极参与伊斯坦布尔进程框架下的建立信任措施合作，为阿举办反恐、禁毒和灾害管理等培训班。2017 年 9 月，阿富汗问题伊斯坦布尔进程灾害应急管理研讨会在北京成功举办，旨在推进成员国之间在灾害应急管理方面的相互了解和积极对话，共同探讨和交流有关国家在统筹协调多方力量参与减灾救灾方面取得的经验和面临的挑战②，有利于地区国家间增进互信和扩大共识。

---

① 第 72 届联合国大会中方立场文件.(2017－08－29). http://world.people.com.cn/n1/2017/0829/c1002-29502437.html.

② 阿富汗问题伊斯坦布尔进程灾害应急管理研讨会在北京举办.(2017－09－19). http://news.eastday.com/eastday/13news/auto/news/china/20170919/u7ai7101745.html.

地区国家中，巴基斯坦对阿富汗问题的解决起关键作用。但近年来，阿巴由于历史遗留的领土纠纷，关系趋于紧张，掣肘两国在反恐、经贸及阿和解进程等方面的合作。中国与阿富汗和巴基斯坦均关系良好，并充分认识到两国建立互信对阿政治和解及地区稳定起重要作用。2017 年 6 月，外交部长王毅在阿巴间展开穿梭外交，取得积极成果。中阿巴三方达成五点核心共识，并发表了三方联合新闻公报。阿巴双方愿积极改善相互关系，同意建立双边危机管控机制，就突发事件进行及时有效沟通。2017 年底，在中国推动下，中阿巴又举行了首轮三方外长对话会，在政治、经济和安全领域达成广泛共识。就阿和解进程，三方重申致力于推进“阿人主导、阿人所有”的阿和解进程，呼吁阿塔加入该进程，阿政府表示将尽快提出更有吸引力的和解方案①。中国帮助阿巴开展对话、建立互信、改善关系将有助于阿富汗问题取得实质性进展。

（二）中国“一带一路”倡议帮助阿富汗融入地区发展

中国认为融入地区发展是阿和平与重建的重要出路。国际社会应积极兑现援阿承诺，支持阿富汗推进经济社会发展。安理会第 2344 号决议及有关联大决议均指出，各方应以合作共赢精神构建人类命运共同体，通过“一带一路”倡议等促进阿经济发展及区域合作②。

中阿产业与贸易结构互补性较强。长期战乱给阿经济基础设施造成严重破坏，百废待兴。阿农牧业与工业水平落后，产业发展失衡。80%以上劳动力从事农业，农耕技术相当于中国 20 世纪六七十年代水平；工业基础几乎为零，只有少量轻工业和手工业制造企业；服务业发展不平衡，对经济拉动作用有限。阿被称为“躺在金矿上的穷人”，拥有丰富的自然资源，尤其是矿产资源种类繁多、储量巨大。阿年轻适龄劳动力充足，25 岁以下青年人占总人口约 60%。同时，中国已成为世界第

---

① 外交部长王毅：首次中阿巴三方外长对话达成八大共识.（2017-12-27）. http://world.people.com.cn/n1/2017/1227/c1002-29731894.html.

② 常驻联合国副代表吴海涛大使在安理会阿富汗问题公开会上的发言.（2016-12-19）. http://www.mfa.gov.cn/web/dszlsjt_673036/ds_673038/t1497126.shtml.

二大经济体，正在推进产业结构优化升级，实施创新驱动发展战略。中国富余产能如劳动密集型加工业等“走出去”，为几乎没有工业基础的阿富汗所迫切需求。阿还可成为中国经济发展重要的原料来源和商品市场。当前，中国对阿出口产品以资本密集型为主，主要类别有电器和电子产品、医药、机械设备和纺织服装等。阿富汗向中国出口则主要是初级产品，粮食或水果种子、动物细毛或粗毛及贵金属宝石三种占比95%[①]。可见，中阿整体贸易结合程度较高，两国在资源和能源开发、基础设施建设、工程和农业等领域具有较好合作前景[②]。

不过，中阿经济合作的潜力尚需发挥。1955 年，中阿两国建交。2012 年，中阿建立战略合作伙伴关系。近年来，双方高层互访频繁，政治互信加深，经济合作稳步发展，贸易交往逐渐活跃。阿商工部、投资促进局、商工会等部门均派团并组织商人团参加在中国举办的广交会、亚欧博览会、南亚国家商品展、厦门投洽会等展销会或交易会。2016 年底，喀布尔和乌鲁木齐实现复航，经过哈萨克斯坦、乌兹别克斯坦，行程达 7 000 多公里的中阿货运直达专列也正式开通。中国进口阿藏红花已完成准入程序，正在就进口石榴、松子、干果、大理石等进行洽谈。由于物美价廉，中国的生活小商品（杂项制品）在阿富汗很受欢迎。据阿中央统计局统计，2016—2017 财年中阿贸易总额为 10.98 亿美元。中国继续保持阿富汗第三大贸易伙伴国，仅次于巴基斯坦和伊朗[③]。但受制于安全形势严峻、政局走向不明、国际援助锐减等因素，自 2013 年来，阿富汗 GDP 增速大幅下降[④]。在世界银行发布的《2018 年营商环境报告》中，阿富汗在 190 个国家中排名 183 位[⑤]。由中国参与开发的埃纳克铜矿项目和阿姆达利亚油田项目进展缓慢，现均处于停滞状态。

---

① 李敬，雷俐，邓靖. “一带一路”相关国家贸易投资关系研究：南亚八国和中亚五国. 北京：经济日报出版社，2017.

② 张其仔. 中国产业竞争力报告（2016）. 北京：社会科学文献出版社，2016：104.

③ 商务部国际贸易经济合作研究院，等. 对外投资合作国别（地区）指南——阿富汗（2017 年版）. 2017：40.（阿富汗财年指 4 月 1 日至次年 3 月 30 日）

④ Afghanistan Data. https://data.worldbank.org/country/afghanistan.

⑤ Doing Business 2018：Reforming to Create Jobs. World Bank Group. http://www.doingbusiness.org/reports/global-reports/doing-business-2018.

据中国海关统计，2016年中阿两国进出口贸易额为4.4亿美元，其中，中国向阿富汗出口额为4.3亿美元，从阿富汗进口额仅为1 000万美元，同比下降61.5%①。尽管中阿两国经济互利合作潜力巨大，但阿经济复苏还需要一个艰难的过程，双方合作潜能短期内难以释放。

好在阿富汗国家发展战略与中国“一带一路”倡议高度契合，双方正积极探讨中巴经济走廊向阿延伸的合适途径。阿政府重视并渴望进行经济重建，积极争取外援，重塑国家经济架构，期待能充分发挥阿的区位优势与资源禀赋，实现从“输血”到“造血”的经济转型升级。实际上，阿富汗的发展潜力不在当前，而在未来，即安全局势好转后的市场机会。阿政府将能源和矿业开发定为重点发展方向，视为推动经济发展、增加财政收入、扩大就业、实现经济自立的主要“财源”和“发动机”。阿政府还全力推进工农业及区域经贸合作的互联互通项目，包括跨境输电、铁路、公路、石油天然气输送管道项目等，重心是将阿打造成地区“交通与能源枢纽”。阿对参与中国的“一带一路”建设充满期待，希望其地区规划与中国“一带一路”倡议实现对接。中国则支持阿富汗发挥其作为天然大陆桥、亚洲中心的区位优势，融入区域合作，愿在“一带一路”框架下扩大同阿的务实合作。中阿就中国—吉尔吉斯斯坦—塔吉克斯坦—阿富汗—伊朗五国铁路项目保持沟通。中阿巴还积极探讨中巴经济走廊以适当方式向阿富汗延伸。中巴经济走廊实施4年多来，为改善巴当地民生、促进巴基础设施建设发挥了重要作用，取得了良好经济社会效应，也为促进地区互联互通提供了重要机遇。中巴经济走廊不针对第三方，同时希望惠及第三方，惠及整个地区，成为地区一体化的重要动力。中阿巴三方本着互利共赢原则，探讨中巴经济走廊以适当方式向阿富汗延伸，并通过阿富汗逐步与中国—中亚—西亚经济走廊相互对接。关于具体合作项目和合作方式，三方将本着由易到难、由小到大、循序渐进的原则，

---

① 商务部国际贸易经济合作研究院，等. 对外投资合作国别（地区）指南——阿富汗（2017年版）. 2017：39.（阿富汗财年指4月1日至次年3月30日）

通过平等协商确定。其中，改善边境地区的民生可能是延伸的一个切入点[①]。可以预期，“一带一路”框架下中巴经济走廊向阿富汗延伸，将搭建更广泛的互联互通网络平台，为促进地区发展繁荣发挥重要作用。

四、阿富汗和解进程前景扑朔迷离

政治和解是阿富汗实现长治久安的唯一出路，这是国际社会在阿问题上取得的广泛共识。饱受战乱之苦的阿富汗人民热切渴望尽早实现和平和解，阿富汗政府与塔利班对和解的表态使阿和解进程出现转机，但窗口期或稍纵即逝，阿政治和解前景仍不明朗。

（一）大选结果姗姗来迟，阿政局动荡加剧

阿富汗现民族团结政府自 2014 年执政以来，内部矛盾重重，严重制约各项政策有效实施。总统加尼阵营与首席执行官阿卜杜拉代表的“北方联盟”阵营就政治经济资源分配、国家发展重大决策等问题分歧不断，“双头体制”负面作用凸显。双方阵营围绕内政、外交、国防等核心部门高级职位争夺不休，致使阿中央和地方政府的组建迟缓，执政能力下降，任人唯亲问题突出。以阿塔・努尔为代表的塔吉克族势力与以哈利利为代表的哈扎拉族势力对权力分配现状不满，不断向阿卜杜拉施压，要求为“北方民族”[②] 争取更多权益。其中，加尼与努尔的矛盾愈演愈烈，2017 年底，加尼借机免除努尔巴尔赫省省长职位，努尔拒不接受，并威胁发动大规模游行抗议活动，引发阿政坛震荡。虽在外部施压下，加尼与努尔达成妥协，但中央政府对地方势力的控制之弱可见一斑。

---

① 王毅：中巴经济走廊将以适当方式向阿富汗延伸.（2017－12－27）. http://world.people.com.cn/n1/2017/1227/c1002-29731923.html.

② 主要指塔吉克族、哈扎拉族和乌兹别克族等北部、中部少数民族，分别约占总人口的25%、19%、8%。阿富汗的主体民族是普什图族，约占总人口的 40%，主要分布在南部与东部。

随着大选临近，阿各政治团体纷纷结成新的利益联盟，寻求在阿未来政治格局中占据更大份额。然而，阿选举筹备工作却进展缓慢，安全形势不佳和政府预算不足等因素，使原本计划于2015年举行的议会选举一拖再拖。阿独立选举委员会（IEC）近日宣布议会选举定于2018年10月20日举行。按照民族团结政府成立时达成的分权协议，应在2016年召开国民议会修改宪法、将首席执行官改为总理、进行选举制度改革等，但这些承诺均未兑现。阿国内出现质疑政府合法性的声音。即便根据阿宪法，加尼政府的5年任期也于2019年到期。在阿富汗复杂的政治安全形势下，总统选举推迟到2019年9月28日举行，大选结果也延期公布。2019年12月22日，阿富汗独立选举委员会对外公布9月总统选举初步计票结果：现任总统加尼获得的票数微弱过半。与2014年选后的情形相似，加尼的老对手、现任政府首席执行官阿卜杜拉拒绝承认计票结果，并就选举舞弊提出异议。外界普遍认为，这场因一再推迟、投票率低、计票缓慢而蒙上阴影的总统选举将余波荡漾。不少阿富汗人担忧，悬而未决的结果、潜在的选举困境可能加剧阿富汗政局不稳定。若阿民众不接受大选产生的新政府，则阿可能会陷入各派势力混战中，或再次妥协产生“联合政府”，强势的地方军阀恐进一步壮大，阿富汗面临分崩离析的危险。

（二）和解窗口期或稍纵即逝

阿富汗政府表态愿与塔利班展开不设前提条件的和谈，为长期停滞的阿和解进程注入新动力。2018年2月28日，加尼总统在出席第二轮“喀布尔进程”会议上表示，为实现和平与和解进程，阿政府提出一系列措施，包括停火、承认塔利班为政党、建立信任，以及举行公平自由的选举[①]。加尼指出，阿政府正寻求与塔利班组织中的温和派达成一项真实持久的和平协议，并计划启动修宪、释放塔利班囚犯、不再将塔利

① 阿富汗总统称与塔利班和谈不设前提条件.（2018-03-01）. http://world.people.com.cn/n1/2018/0301/c1002-29840407.html.

班领导人列入国际制裁名单，并为该组织在喀布尔及阿其他城市设立办公室等，以展现诚意。这是阿政府首次公开表态愿与塔利班展开不设前提条件的和谈，与此前加尼一直斥责阿塔是“恐怖分子”“叛乱分子”的态度有明显转变。而在加尼表态前几日，塔利班曾向美国喊话，要求与美国直接对话，用“和平方式”终结这场旷日持久的战争。塔利班还在2月初发表一封写给美国国会和民众的公开信，字里行间亦暗示对话是解决问题的有效途径。阿政府与塔利班几乎同时就和谈发出积极信号，反映出阿国内对结束战乱、实现和平、恢复民生的热切渴求。民众对恐袭频发、生活困顿、腐败盛行和长年战乱深深厌倦，迫切希望改变现状。阿政府与美国对于使用武力压制乃至消灭塔利班的希望越来越渺茫，而最担心的局面是塔利班迫于战场上的压力与“伊斯兰国”结成联盟。同时，塔利班也看到以美国为首的北约对阿的持续军援和支持，这让塔利班重新掌控政权的目标受挫。双方各自面临的压力使它们试图寻求和解上的突破。

2018年8月至2019年8月，美国与塔利班进行了多轮谈判，双方就打击恐怖主义、外国军队撤出、阿富汗内部对话和永久停火等议题取得进展。在阿和解进程迎来关键窗口期的时刻，塔利班若能抓住机会实现身份合法化转换，将对阿国内政治进程产生深远影响，也将极大缓解国际反恐斗争压力。但应看到这一窗口期可能稍纵即逝。阿政府与塔利班之间缺乏足够的政治互信。此前，塔利班一直强调和谈必须在外国军队从阿富汗撤离后才能展开，为此多次拒绝政府的和谈要求，而阿政府此次提出的和谈措施并未涉及外国军队的去留。此外，塔利班“碎片化”发展及温和派与强硬派的斗争令其在和谈问题上难以用一个声音说话，即便达成和解协议，也面临被个别激进分支破坏的危险。同时，阿政府对和谈的耐心也将备受考验，若在达成停火协议前签，重大暴恐袭击事件频发，阿政府承压积聚，很可能将翻转和谈态度。

“认识中国·了解中国”书系

中国智慧：十八大以来中国外交（中文版、英文版） 金灿荣
中国治理：东方大国的复兴之道（中文版、英文版） 燕继荣
中国声音：国际热点问题透视（中文版、英文版） 中国国际问题研究院
大国的责任（中文版、英文版） 金灿荣
中国的未来（中文版、英文版） 金灿荣
中国的抉择（中文版、英文版） 李景治
中国之路（中文版、英文版） 程天权
中国人的价值观（中文版、英文版） 宇文利
中国共产党就是这样成功的（中文版、英文版） 杨凤城
中国经济发展的轨迹 贺耀敏
当代中国人权保障 常 健
当代中国农村 孔祥智
教育与未来——中国教育改革之路（中文版、英文版） 周光礼 周 详
当代中国教育 顾明远
全球治理的中国担当 靳诺 等
中国道路能为世界贡献什么（中文版、英文版、俄文版、
法文版、日文版） 韩庆祥 黄相怀
时代大潮和中国共产党（中文版、英文版、法文版、日文版） 李君如
社会主义核心价值观与中国文化国际传播 韩 震
我眼中的中韩关系 ［韩］金胜一
中国人的理想与信仰（中文版、英文版） 宇文利
改革开放与当代中国智库 朱旭峰
当代中国政治（中文版、英文版） 许耀桐
当代中国社会：基本制度和日常生活（中文版、英文版） 李路路 石磊 等

国际关注·中国声音（中文版、英文版）	本书编写组
中国大视野 2——国际热点问题透视	中国国际问题研究院
中国大视野——国际热点问题透视	中国国际问题研究所
中国新时代（中文版、英文版）	辛向阳
构建人类命运共同体（修订版）	陈岳　蒲俜
新时代中国声音：国际热点问题透视	中国国际问题研究院
中国生态文明新时代	张云飞
当代中国扶贫（中文版、英文版）	汪三贵
当代中国行政改革	麻宝斌　郝瑞琪
当代中国文化的魅力	金元浦
城镇化进程中的中国伦理变迁	姚新中　王水涣
数字解读中国：中国发展坐标与发展成就（中文版、英文版）	贺耀敏
中国改革和中国共产党	李君如
中国经济：持续释放大国的优势和潜力	张占斌
对话中国（中文版、英文版）	本书编写组
中国的持续快速增长之道	［巴基］马和励

图书在版编目（CIP）数据

新时代中国声音：国际热点问题透视/中国国际问题研究院组编. —北京：中国人民大学出版社，2020.1

（“认识中国·了解中国”书系）

“十三五”国家重点出版物出版规划项目

ISBN 978-7-300-27613-7

Ⅰ.①新… Ⅱ.①中… Ⅲ.①国际问题-研究 Ⅳ.①D815

中国版本图书馆 CIP 数据核字（2019）第 249625 号

国家出版基金项目

“十三五”国家重点出版物出版规划项目

“认识中国·了解中国”书系

新时代中国声音：国际热点问题透视

中国国际问题研究院　组编

Xinshidai Zhongguo Shengyin：Guoji Redian Wenti Toushi

出版发行	中国人民大学出版社		
社　　址	北京中关村大街 31 号	**邮政编码**	100080
电　　话	010－62511242（总编室）		010－62511770（质管部）
	010－82501766（邮购部）		010－62514148（门市部）
	010－62515195（发行公司）		010－62515275（盗版举报）
网　　址	http://www.crup.com.cn		
经　　销	新华书店		
印　　刷	天津中印联印务有限公司		
规　　格	170 mm×240 mm　16 开本	**版　　次**	2020 年 1 月第 1 版
印　　张	14.75	**印　　次**	2020 年 1 月第 1 次印刷
字　　数	196 000	**定　　价**	48.00 元